公路工程标准规范解读系列丛书

《公路瓦斯隧道设计与施工技术规范》释义手册

李玉文 王 联 朱长安 等 编著

人民交通出版社股份有限公司
北京

内 容 提 要

本手册为《公路瓦斯隧道设计与施工技术规范》(JTG/T 3374—2020)的配套图书,对规范条文的编制背景、编制目的、参考借鉴资料、关键指标和参数的来源依据等进行了详细解释,并以附件形式列出了工程实施案例和计算案例供参考,有助于使用者更好地理解、运用规范。

本手册可供公路瓦斯隧道设计、监理、施工、监督及运营管理人员使用,也可供相关科研人员参考。

图书在版编目(CIP)数据

《公路瓦斯隧道设计与施工技术规范》释义手册/李玉文等编著. — 北京:人民交通出版社股份有限公司,2020.8
ISBN 978-7-114-16705-8

Ⅰ.①公… Ⅱ.①李… Ⅲ.①公路隧道—瓦斯隧道—隧道工程—设计—技术规范—手册②公路隧道—瓦斯隧道—隧道工程—工程施工—技术规范—手册 Ⅳ.①U459.2-65

中国版本图书馆 CIP 数据核字(2020)第 119567 号

公路工程标准规范解读系列丛书
Gonglu Wasi Suidao Sheji yu Shigong Jishu Guifan Shiyi Shouce

书　　名:	《公路瓦斯隧道设计与施工技术规范》释义手册
著 作 者:	李玉文　王　联　朱长安　等
责任编辑:	李　沛
责任校对:	孙国靖　龙　雪
责任印制:	刘高彤
出版发行:	人民交通出版社股份有限公司
地　　址:	(100011)北京市朝阳区安定门外外馆斜街 3 号
网　　址:	http://www.ccpcl.com.cn
销售电话:	(010)59757973
总 经 销:	人民交通出版社股份有限公司发行部
经　　销:	各地新华书店
印　　刷:	北京市密东印刷有限公司
开　　本:	720×960　1/16
印　　张:	16
字　　数:	207 千
版　　次:	2020 年 8 月　第 1 版
印　　次:	2020 年 8 月　第 1 次印刷
书　　号:	ISBN 978-7-114-16705-8
定　　价:	80.00 元

(有印刷、装订质量问题的图书,由本公司负责调换)

《公路瓦斯隧道设计与施工技术规范》释义手册
编 委 会

主　　　编：	李玉文
副 主 编：	王　联　朱长安
主要参编人员：	郑金龙　高世军　马洪生　彭国才　徐文平
	吴怀林　林国进　任　康　田尚志　杨　枫
	李海清　唐　协　李泳伸　江中平　李秋林
	刘元泉
统　　　稿：	朱长安

前 言 QIANYAN

根据交通运输部办公厅《关于下达2015年度公路工程行业标准制修订项目计划的通知》(交办公路函〔2015〕312号)的要求,由四川省公路规划勘察设计研究院有限公司作为主编单位承担《公路瓦斯隧道设计与施工技术规范》(JTG/T 3374—2020)(以下简称《规范》)的制定工作,参加规范编制工作的还有中煤科工集团重庆研究院有限公司、中交一公局集团有限公司、重庆中环建设有限公司、四川交通职业技术学院等单位。《规范》已由交通运输部发布,并于2020年5月1日实施。

《规范》系统调研了国内已建成和在建的公路、铁路瓦斯隧道,充分吸收了我国公路、铁路瓦斯隧道建设经验及研究成果,参考借鉴了煤矿行业相关标准以及国外瓦斯隧道成功经验和技术,对规范公路瓦斯隧道勘察、设计、施工和保障我国公路瓦斯隧道建设及运营安全具有重要作用。

为帮助广大公路瓦斯隧道设计、监理、施工、监督及科研等技术人员更好地掌握、理解和应用《规范》,了解条文编制的背景,正确运用规范解决工程实际问题,编制组编写了本手册。本手册编写体例与《规范》基本一致,手册中对规范中相关条款和关键技术指标进行了详细的注释,并收录了"非煤系地层瓦斯隧道勘察及评价案例""煤系地层隧道绝对瓦斯涌出量计算案例""施工期瓦斯地层及工区类别校核评定案例""钻孔抽排瓦斯工程案例"及"行走作业机械防爆改装技术指标与验收参考方法"等相关内容作为附件,供使用者参考。

本手册内容如有与《公路瓦斯隧道设计与施工技术规范》(JTG/T 3374—2020)不一致之处,以后者规定为准。为便于读者阅读,本手册中规范条文采用黑体字,条文释义及附件案例采用宋体字,但附录中的表格仍用宋体字。

交通运输部公路局、安全与质量监督管理司、四川省交通运输厅和成都经济技术开发区环线高速公路简阳至蒲江段、重庆南川至贵州道真高速公路以及成贵高铁的参建方等对手册的编写给予了大力支持,在此表示感谢。由于时间仓促和水平限制,手册中难免存在谬误及疏漏,望广大读者批评指正。

本书编写组
2020 年 5 月于成都

目 录 MULU

1	总则	1
2	术语	5
3	基本规定	9
3.1	总体要求	9
3.2	瓦斯隧道分类	14
4	勘察	24
4.1	一般规定	24
4.2	勘察技术要求	30
4.3	瓦斯隧道类别评估	44
4.4	预可勘察	51
4.5	工可勘察	52
4.6	初步勘察	53
4.7	详细勘察	54
4.8	资料要求	55
5	设计	58
5.1	一般规定	58
5.2	衬砌结构瓦斯防护措施	60
5.3	运营通风与瓦斯监测	66
5.4	辅助通道	69
6	超前地质预报	72
6.1	一般规定	72
6.2	地质调查与地质素描	73
6.3	物探	73
6.4	超前钻探	74
7	施工通风、瓦斯检测与监测	79
7.1	一般规定	79
7.2	施工通风	84

 7.3 瓦斯检测与监测 ·· 95
8 钻爆作业 ·· 104
 8.1 一般规定 ··· 104
 8.2 钻爆施工 ··· 106
9 电气设备与作业机械 ·· 123
 9.1 一般规定 ··· 123
 9.2 电气设备 ··· 126
 9.3 作业机械 ··· 142
10 揭煤防突 ·· 145
 10.1 一般规定 ·· 145
 10.2 超前探测 ·· 149
 10.3 突出危险性预测 ·· 150
 10.4 防治煤(岩)与瓦斯突出措施 ··························· 152
 10.5 防突措施效果检验 ··· 156
 10.6 揭煤与开挖 ··· 158
 10.7 安全防护 ·· 159
11 施工安全 ·· 161
 11.1 一般规定 ·· 161
 11.2 塌方处理 ·· 163
 11.3 采空区处理 ··· 164
 11.4 防治煤层自燃和煤尘爆炸 ······························· 165
 11.5 消防安全 ·· 166
 11.6 施工人员管理 ·· 170
 11.7 应急预案与救援 ·· 172
附录A 煤层瓦斯压力测定方法 ································· 174
附录B 煤的破坏类型分类 ·· 176
附录C 煤的瓦斯放散初速度测定方法 ······················ 177
附录D 煤的坚固性系数测定方法 ······························ 179
附录E 钻屑指标法 ·· 181
附录F 绝对瓦斯涌出量计算方法 ······························ 183
附录G 绝对瓦斯涌出量实测方法 ······························ 185

附录 H　瓦斯自动监控报警与断电系统 …………………………… 190
附录 J　煤层瓦斯含量直接测定方法 ……………………………… 195
附录 K　钻孔瓦斯涌出初速度测定方法 …………………………… 201
附件 1　非煤系地层瓦斯隧道勘察及评价案例 …………………… 203
附件 2　煤系地层隧道绝对瓦斯涌出量计算案例 ………………… 214
附件 3　施工期瓦斯地层及工区类别校核评定案例 ……………… 216
附件 4　钻孔抽排瓦斯工程案例 …………………………………… 225
附件 5　行走作业机械防爆改装技术指标与验收参考方法 ……… 227
参考文献 ……………………………………………………………… 241

1 总 则

1.0.1 为规范公路瓦斯隧道勘察、设计、施工及管理技术要求,制定本规范。

【释义】

工程上的瓦斯系指在地层中赋存或逸出的烷烃类气体,其中甲烷占绝大多数。不同浓度下瓦斯的危害主要有:当瓦斯浓度大于8%时,能使人因缺氧昏倒或窒息;当瓦斯浓度达5%~16%时,遇火会发生爆炸;当瓦斯浓度小于5%或大于16%时,与氧气接触面遇火能燃烧。瓦斯爆炸和燃烧是隧道建设过程中面临的两种典型而严峻的风险。瓦斯爆炸的三大要素:一定浓度的瓦斯、高温火源的存在和充足的氧气。瓦斯爆炸有一定的浓度范围,把在空气中瓦斯遇火后能引起爆炸的浓度范围称为瓦斯爆炸界限。瓦斯爆炸界限为5%~16%。当瓦斯浓度低于5%时,遇火不爆炸,但能在火焰外围形成燃烧层;当瓦斯浓度为9.5%时,其爆炸威力最大(氧和瓦斯完全反应);瓦斯浓度在16%以上时,失去其爆炸性,但在空气中遇火仍会燃烧。瓦斯爆炸界限并不是固定不变的,受温度、压力以及煤尘、其他可燃性气体、惰性气体的混入等因素的影响而变化。瓦斯的引火温度,即点燃瓦斯的最低温度。一般认为,瓦斯的引火温度为650~750℃,受瓦斯的浓度、火源的性质及混合气体的压力等因素影响而变化。当瓦斯含量在7%~8%时,最易引燃。

瓦斯隧道施工中瓦斯燃烧和爆炸问题突出,安全风险高。铁路隧道和公路隧道建设过程中均出现过瓦斯风险事件,如:

(1)1959年1月27日和6月26日,贵昆铁路岩脚寨隧道施工中发生两起瓦斯爆炸事故,70余人遇难,伤亡惨重,并烧毁支撑131排,引起塌方,被迫停工76d。

(2)1994年4月3日,达成铁路炮台山隧道(全长3 078m)隧道下方2 000~3 000m处的三叠系上统须家河组煤系地层瓦斯沿地层裂隙上升至地表浅层,形成储气结构,平导掘进距洞口808m时,灯泡爆裂引发瓦斯燃烧,死1人伤3人。次日,汽车进洞,由于汽车发动机启动,又引发瓦斯爆炸,死12人。

(3)2004年12月7日,四川省都江堰紫坪铺水库改建公路龙眼睛隧道(现名友谊隧道)在施工过程中发生瓦斯爆炸,死亡2人,失踪2人,受伤61人。

(4)2005年12月22日,四川省都江堰至映秀段高速公路董家山隧道(现名紫坪铺隧道)发生瓦斯爆炸,造成44人死亡,11人受伤(右洞洞内作业人员34人全部死亡,洞外组装模板台车人员及门岗等10人死亡、11人受伤)。

(5)2015年2月24日,成都至洛带东延线五洛路1号高瓦斯隧道发生瓦斯爆炸,洞内4人死亡。爆炸产生的冲击波沿洞口30°夹角向外冲击,将半径200m扇形范围内的房屋、设施设备等炸毁,造成材料室休息的1人和隧道外公路上的1名行人当场死亡,在工棚和长龙砖厂内休息娱乐的共20人受伤(其中2人抢救过程中死亡)。

(6)2017年5月2日,贵州省成贵铁路七扇岩高瓦斯隧道在建工程发生一起爆炸事故,事故共造成12人死亡、12人受伤。

(7)2019年4月1日,四川宜宾至贵州毕节高速公路云南境内威信段扎西隧道发生瓦斯灾害事故,共造成7人死亡,同时还造成隧道外附近2人受轻伤。

本规范基于我国公路瓦斯隧道在勘察、设计、施工以及运营管理方面的相关规定不够全面系统且未进行分级设防和施工管理等现状,并考虑以下原因进行编制。

(1)规定内容分散,缺乏系统性。

1 总 则

在本规范编制立项时,公路行业规范中涉及公路瓦斯隧道勘察、设计、施工、运营管理方面的内容分散在不同的规范中,其系统性不强,如勘察方面主要参考《公路工程地质勘察规范》(JTG C20—2011),设计方面主要参考《公路隧道设计规范》(JTG D70—2004)、《公路隧道设计细则》(JTG/T D70—2010),施工方面主要参考《公路工程施工安全技术规范》(JTG F90—2015)、《公路隧道施工技术规范》(JTG F60—2009)、《公路隧道施工技术细则》(JTG/T F60—2009)等。规定分散,缺乏系统性,难免有冲突和遗漏,需要通过单独制定公路瓦斯隧道技术规范,突出瓦斯隧道的设计、施工与安全管理的具体要求。

(2)规定内容深度不足或空白。

《公路工程地质勘察规范》(JTG C20—2011)无专门针对煤层、瓦斯勘察技术、方法的相关规定,仅有针对采空区勘察的规定;《公路隧道设计规范》(JTG D70—2004)规定较为笼统,缺少关键性技术指标,《公路隧道设计细则》(JTG/T D70—2010)基本参照相应时期的《铁路瓦斯隧道技术规范》的部分规定;《公路隧道施工技术规范》(JTG F60—2009)、《公路隧道施工技术细则》(JTG/T F60—2009)参考相应时期的《铁路瓦斯隧道技术规范》的规定,但对瓦斯隧道施工中的瓦斯超前预测预报、电气设备与作业机械、施工通风、揭煤防突等缺乏规定。

(3)瓦斯隧道运营通风及瓦斯控制标准存在空白。

瓦斯隧道建成后运营期间存在瓦斯逸出的可能(一般隧道建成后常常有渗漏水现象,同样瓦斯也有逸出的可能),若一旦瓦斯逸出后超限、积聚,就有可能发生重大安全事故;另外,如果隧道内发生火灾事故,较高的瓦斯浓度将加大事故影响程度甚至发生重大安全事故。

鉴于上述编制背景,为规范公路瓦斯隧道勘察、设计、施工及运营管理,保障公路瓦斯隧道施工和运营安全,交通运输部组织完成本规范的编制工作。编制单位基于国内外相关理论和大量工程实践经验,借鉴铁路和煤矿行业的相关规定,制定本规范,以指导公路瓦斯隧道安全、经济、快速地穿过含瓦斯的地层,提升隧道施工瓦斯防治与控制技术水平,保障隧道工程建设与运营安全。

1.0.2 本规范适用于以钻爆法开挖为主的新建与改扩建公路瓦斯隧道。

【释义】

目前,我国公路隧道施工主要以钻爆法开挖为主并配置相应的机械设备(如运输车、凿岩机、挖掘机、湿喷机等)。近年来,随着人工成本增加以及大型装备技术的高速发展,国内公路隧道开始尝试采用掘进机(如TBM掘进岩质隧道、盾构机掘进土质隧道)进行开挖,但掘进机涉及的电气设备及机械防爆等问题较为复杂,有待进一步深入研究,因此本规范规定适用于以钻爆法开挖为主的隧道。

1.0.3 公路瓦斯隧道建设应贯彻安全第一、预防为主、综合治理的方针,遵循以人为本、安全经济的原则,采取安全技术措施。

【释义】

公路瓦斯隧道施工中安全风险高。本条主要参照《中华人民共和国安全生产法》第三条规定:"安全生产工作应当以人为本,坚持安全发展,坚持安全第一、预防为主、综合治理的方针";《公路工程施工安全技术规范》(JTG F90—2015)第1.0.3条规定:"公路工程施工安全生产应贯彻'安全第一、预防为主、综合治理'的方针",第1.0.4条规定:"公路工程施工应制定相应的安全技术措施"。

1.0.4 公路瓦斯隧道勘察、设计与施工应贯彻国家有关技术经济政策,积极慎重地采用新技术、新工艺、新材料、新设备。

1.0.5 公路瓦斯隧道建设除应符合本规范的规定外,尚应符合国家和行业现行有关标准的规定。

2 术　　语

2.0.1　瓦斯　gas

在地层中赋存或逸出的烷烃类气体,其成分以甲烷(CH_4)为主。根据其生成、赋存条件将其分为煤层瓦斯、非煤瓦斯两类。

2.0.2　瓦斯地层　rock stratum with gas

含有瓦斯的地层。瓦斯地层可分为煤系瓦斯地层(简称"煤系地层")和非煤系瓦斯地层(简称"非煤系地层"),非煤系地层中的瓦斯包括天然气(油田气、气田气、泥火山气、生物生成气等)和邻近煤系地层渗透至非煤系地层的瓦斯。

2.0.3　煤系地层　coal stratum

在成因上有共生关系并含有煤层(或煤线)的岩石地层。

2.0.4　瓦斯隧道　tunnel with gas

在隧道勘察或施工过程中,隧道内存在瓦斯,该隧道应定为瓦斯隧道。

2.0.5　煤系地层瓦斯隧道　tunnel with gas embedded in coal stratum

直接穿越煤系地层的隧道。

2.0.6　非煤系地层瓦斯隧道　tunnel with gas embedded in non-coal stratum

隧道虽然没有直接穿越煤系地层,但下伏或邻近地层中的瓦斯具备运移至本隧道的条件而使隧道内存在瓦斯时,则该隧道为非煤系地层瓦斯隧道。

2.0.7　瓦斯工区　work area with gas

隧道施工区段内任一处有瓦斯,则洞口至开挖掌子面的施工区段为瓦斯工区。

2.0.8　绝对瓦斯涌出量　absolute gas emission quantity

单位时间涌出的瓦斯量,单位:m^3/min。

2.0.9　煤(岩)与瓦斯突出　coal(rock) and gas outburst

在地应力和瓦斯的共同作用下,破碎的煤、岩和瓦斯由煤体内突然喷出到开挖空间的动力现象,简称"突出"。

2.0.10　钻孔动力现象　dynamic phenomenon of bore

钻孔施作过程中顶钻、抱钻、夹钻等现象,以及由瓦斯、地应力诱发的钻孔喷孔(喷水汽、煤屑、岩粉、泥沙等)现象。

2.0.11　吨煤瓦斯含量　gas content per ton

煤(岩)层在自然条件下,每吨煤(岩)所含有的瓦斯体积(标准状态),是游离瓦斯量与吸附瓦斯量的总和,单位:m^3/t。

2.0.12　瓦斯浓度　gas concentration

瓦斯在空气中的体积占比,以百分数表示。

2.0.13　瓦斯压力　gas pressure

煤(岩)层孔隙、裂隙中的瓦斯作用于孔隙壁的应力,一般指的是绝对瓦斯压力,单位:MPa。

2.0.14　瓦斯放散初速度　initial diffusion velocity of coal gas

3.5g 规定粒度的煤样在 0.1MPa 压力下吸附瓦斯后,向固定真空空间释放时,用压差 Δp(mmHg)表示的 10~60s 内释放出的瓦斯量。

2.0.15　突出预测预报　outburst forecast

利用煤层的煤体结构,煤的物理力学性质,瓦斯、地应力等的某些特征参数及其变化,或利用工作面的某些特征、突出前的预兆,预测开挖工作面突出的危险性的工作。

2.0.16 瓦斯积聚 local gas accumulation

隧道内任一体积大于 $0.5m^3$ 的空间内积聚的瓦斯浓度达到 2.0% 的现象。

2.0.17 局部通风机 local ventilator

洞内用于防止瓦斯局部积聚或引导风流的通风机,简称"局扇"。

2.0.18 主要通风机 main ventilator

向工作面提供新鲜风的通风机,简称"主风机"。

2.0.19 瓦斯排放 gas emission

对隧道内的积聚瓦斯实施的安全排除措施,或通过在未开挖的煤(岩)体内施工钻孔排出瓦斯、减小瓦斯压力的措施。

2.0.20 瓦斯抽放 gas drainage

采用专用设备和管路把煤层、岩层或采空区瓦斯抽出的措施。

2.0.21 综合防突措施 synthesized coal and gas outburst prevention measures

在瓦斯突出危险性煤(岩)体中进行开挖作业前和开挖过程中实施的突出危险性预测、防止突出措施、防突措施效果检验和安全保护的"四位一体"的措施。

2.0.22 钻屑量法(钻屑法) method of drilling bits

用每单位钻孔体积排出的钻屑量来评估煤(岩)与瓦斯突出危险程度的方法。

2.0.23 防突效果检验　test of outburst prevention effect

用突出预测的方法对防突措施进行效果检验。

2.0.24 安全防护措施　safety precaution

在经防突效果检验无突出危险的区域和地点进行开挖作业时,采取的保障人身安全的技术措施。

2.0.25 煤矿许用炸药　coal permitted explosive

允许用于有瓦斯和煤尘爆炸危险的地下工程爆破的专用炸药。

2.0.26 风电闭锁和甲烷电闭锁装置　fan-stoppage and methane-monitor breaker

当开挖工作面的局部通风机停止运转或隧道内甲烷浓度超过规定值时,能立即自动切断该供风隧道中的一切电源,并只有在局部通风机恢复运转和甲烷浓度低于规定值时,通过人工送电才能恢复供风隧道的电气设备供电的安全装置。

3 基本规定

3.1 总体要求

3.1.1 瓦斯地质勘察工作应根据建设的需要分阶段进行,为公路瓦斯隧道设计与施工提供所需的基础资料。

【释义】

本条是针对公路瓦斯隧道勘察方面的总体要求。根据《公路工程地质勘察规范》(JTG C20—2011)第3.1.1条规定,公路工程地质勘察可分为预可行性研究阶段工程地质勘察(简称预可勘察)、工程可行性研究阶段工程地质勘察(简称工可勘察)、初步设计阶段工程地质勘察(简称初步勘察)、施工图设计阶段工程地质勘察(简称详细勘察)四个阶段。施工阶段需对瓦斯类别开展校验等瓦斯地质工作。

各勘察阶段提供公路瓦斯隧道基础资料以满足设计与施工的需要,提供煤(岩)层与瓦斯基本参数,进行瓦斯综合分析、评估与鉴定,为瓦斯隧道设计、施工提供基础资料,具体煤(岩)层、瓦斯及采空区等勘察要求、勘察方法及勘察深度见本规范第4章"勘察"的相关规定。

3.1.2 确定隧道位置时,宜绕避瓦斯地层;当绕避困难时,应以较短距离通过。

【释义】

本条是针对公路瓦斯隧道轴线选择方面的总体要求。《公路路线设计规范》(JTG D20—2017)第4.3.7条第1款规定:"对路线方案选择有重大影响的地质灾害,应进行综合评估,并对绕避、穿越及处治方案进行比选论证";第5.0.5条第1款规定:"遇有不良工程地质的地段应视其对路线的影响程度,分别对绕、避、穿等方案进行比选论证"。

瓦斯地层属于不良地质,通过瓦斯地层的隧道,施工安全风险高、投资大,因此穿越瓦斯地层隧道方案的应遵循"能避(瓦斯地层)则避、能短(距离)则短"的原则。当隧道确需穿越瓦斯地层时,应按"避重(高瓦斯)就轻(低瓦斯)"的原则。从而降低施工安全风险和工程造价。

3.1.3 瓦斯隧道应根据瓦斯地层类别,提出超前地质预报、钻爆作业、衬砌结构防护的技术要求;应根据瓦斯工区类别提出电气设备、作业机械、施工通风、瓦斯检测与监测技术要求。

【释义】

本条是针对公路瓦斯隧道设计方面的总体要求。按照瓦斯防治措施与区段的相关性,规范中明确了超前地质预报、钻爆作业、衬砌结构设计主要针对瓦斯地层,电气设备、作业机械、施工通风、瓦斯检测和监测主要针对瓦斯工区。如此,方便现场进行针对性地管控。

通常设计文件对瓦斯地层、瓦斯工区采用的技术措施分别提出要求。其中,隧道穿越瓦斯地层段衬砌结构按本规范第5章"设计"的规定进行衬砌结构防护设计;设计阶段针对与瓦斯地层相关的超前地质预报、钻爆作业及与瓦斯工区相关的电气设备、作业机械、施工通风、瓦斯检测和监测等按本规范相应章节规定提出技术要求。

3.1.4 瓦斯隧道施工前应编制实施性瓦斯专项施工组织设计;施工期间应校核评定瓦斯工区类别。当瓦斯工区类别发生变化时应调整瓦斯专项施工组织设计。

【释义】

本条针对公路瓦斯隧道施工,明确了施工前做什么、施工期间做什么,以及校核评定类别变化后如何开展工作等施工方面的要求。《公路工程施工安全技术规范》(JTG F90—2015)第3.0.2条规定:"对于附录A中危险性较大的工程应编制专项施工方案"(其附录A中列有瓦斯隧道);《公路水运工程安全生产监督管理办法》(中华人民共和国交通运输部令2017年第25号)第二十四条规定:"公路水运工程建设应当实施安全生产风险管理,按规定开展设计、施工安全风险评估。设计单位应当依据风险评估结论,对设计方案进行修改完善。施工单位应当依据风险评估结论,对风险等级较高的分部分项工程编制专项施工方案,并附安全验算结果"。根据风险评估相关规定,瓦斯隧道在设计阶段和施工阶段均应进行风险评估。因此,本规范规定瓦斯隧道施工前应编制实施性瓦斯专项施工组织设计。

勘察期间由于勘察手段及条件限制,加上工程地质、瓦斯运移等的复杂性,瓦斯类别评定难免存在一定误差,与隧道动态设计和信息化施工的理念一致,为安全、经济起见,因此施工期间应校核评定瓦斯工区类别。瓦斯工区类别发生变化时,应调整瓦斯专项施工组织设计,确保施工安全。

根据相关规定,施工单位通常在施工前依据风险评估结论编制实施性瓦斯专项施工组织设计,组织专家进行论证、审查;施工期间通过对瓦斯浓度、通风风速等参数的监测和检测,按照实测方法计算绝对瓦斯涌出量,结合地质情况综合研判,对瓦斯类别进行校核评定,以便确认或及时调整施工组织和防护,确保安全。

3.1.5 瓦斯隧道施工应全程检测瓦斯,瓦斯工区应连续通风。

【释义】

本条针对公路瓦斯隧道施工方面的要求,突出强调了"全程"和"连续"两个关键词。瓦斯隧道通风、瓦斯检测是防止瓦斯积聚、瓦斯浓度超限,确保施工安全极为关键的重要手段和措施。

强调瓦斯隧道施工全程进行瓦斯检测,一是由于瓦斯运移的复杂性和不确定性,瓦斯可能因地质构造裂隙等原因由瓦斯地层运移至非瓦斯地层段,尤其是非煤瓦斯的逸出、涌出位置及程度往往难以预测,并具有突发、可变等特性;二是对可能有瓦斯积聚的部位、段落等实时监测,目的就是早发现早防治,保证施工安全。

强调瓦斯工区连续通风,一是要求采用连续通风措施避免瓦斯工区的瓦斯聚积和浓度超限;二是规定即使瓦斯工区停工也不能停止通风;三是回风流是一个连通的区域,掌子面后方的非瓦斯地层段也需要及时稀释瓦斯。

全程检测瓦斯及连续通风是指施工整个过程,包括隧道内各施工工序、隧道从进洞开挖至交工验收全过程,也包括施工期间停工时间段。检测手段包含人工检测和自动监测。参考了《煤矿安全规程》(2016年版)第一百二十一条规定,矿井必须保证主要通风机连续运转。《煤炭工业矿井设计规范》(GB 50215—2015)第7.1.1条第4款规定"必须设置井下环境及安全监测监控系统"。

以下为瓦斯隧道施工停风或通风不畅造成事故的两个典型案例:

(1)2004年12月7日,四川省都江堰紫坪铺水库改建公路龙眼睛隧道(现名友谊隧道)在施工过程中发生瓦斯爆炸事故,据现场的技术人员监察估计,造成此次事故的主要原因在于隧道塌方土石方在500~600m处将洞子堵住,造成气流不流通。

(2)2015年2月24日,成都至洛带东延线五洛路1号高瓦斯隧道发生瓦斯爆炸事故直接原因是:隧道春节放假期间停工停风,隧道内瓦斯大量积聚,并达到爆炸极限,2月24日,施工单位4名运渣车驾驶员违反安全操作规程,翻越栅栏进入未通风的隧道内检修车辆,产生火花引爆了隧道内瓦斯,导致事故发生。

3.1.6 瓦斯工区电气、瓦斯检测与监测、通风及作业机械等设备应按通过的最高瓦斯工区类别的要求配置。

3 基 本 规 定

【释义】

本条是针对公路瓦斯隧道施工方面的要求。一座隧道一端洞口为一个施工工区,在一个施工工区内可能前后多次穿越不同类别瓦斯地层,因此瓦斯工区类别是一个动态变化的过程。为避免施工设备频繁调整影响施工安全、增加施工管理难度和工程造价,故提出电气、瓦斯检测与监测、通风及作业机械等设备按照通过的最高瓦斯工区类别的要求配置。灯具、电缆、开关、仪表仪器等相对固定的电气设备往往一开始即按最高工区类别要求配置使用,避免后期调整;高瓦斯工区、煤(岩)与瓦斯突出工区的作业机械往往因采取防爆措施而降效明显,因此按照本条规定进行配备,待施工到相应地段时再进行使用。

如:一个施工工区先后穿越非瓦斯、低瓦斯及高瓦斯地层,则该工区通过的最高瓦斯工区类别为高瓦斯工区。按本条规定,该施工工区电气、瓦斯检测与监测、通风及作业机械等设备应按高瓦斯工区要求进行设备配置。这样就避免了刚进洞采用非瓦斯隧道设备,遇到低瓦斯地层时换装为与低瓦斯匹配的设备,遇到高瓦斯时再换装为与高瓦斯匹配的设备,造成浪费。

3.1.7 瓦斯隧道设计与施工阶段应进行安全风险评估。

【释义】

根据《交通运输部关于在初步设计阶段实行公路桥梁和隧道工程安全风险评估制度的通知》(交公路发〔2010〕175号)要求,初步设计阶段对公路桥梁和隧道工程方案实行安全风险评估。其中隧道工程设计阶段安全风险评估的范围包括隧道穿越煤系地层、采空区等地质条件复杂的隧道;设计阶段安全风险评估方法、内容等按《公路桥梁和隧道工程设计安全风险评估指南(试行)》执行。

根据《交通运输部关于开展公路桥梁和隧道工程施工安全风险评估试行工作的通知》(交质监发〔2011〕217号)规定,在施工阶段实行公路桥梁和隧道工程安全风险评估制度,其中隧道工程施工阶段安全风险评估的范围包括隧道穿越煤系地层、采空区等工程地质或水文地质条件复杂的隧道;施工安全风险评估方法、内容等按《公路桥梁和隧道工程施工安全风险评估指南(试行)》执行。

3.2 瓦斯隧道分类

3.2.1 瓦斯隧道分为微瓦斯、低瓦斯、高瓦斯和煤(岩)与瓦斯突出四类;瓦斯隧道工区分为非瓦斯工区、微瓦斯工区、低瓦斯工区、高瓦斯工区、煤(岩)与瓦斯突出工区五类;瓦斯隧道类别应按瓦斯地层或瓦斯工区的最高类别确定。

【释义】

关于瓦斯隧道的分类,经历了一个认知不断深入的过程:

一直以来,我国矿井瓦斯等级是以矿井的绝对瓦斯涌出量和相对瓦斯涌出量作为瓦斯等级划分的指标,并以国家煤矿安全监察局发布的《煤矿安全规程》为划分依据,划分为低瓦斯、高瓦斯和瓦斯突出三类。

2002年7月1日施行的《铁路瓦斯隧道技术规范》(TB 20120—2002)参照煤矿矿井瓦斯等级分级标准,即划分为低瓦斯、高瓦斯和瓦斯突出三类,并在其后的较长一段时间被公路行业参照执行(因公路行业没有瓦斯隧道相关技术规范或规定)。随着多年来大量的公路瓦斯隧道建设实践、工程技术人员对瓦斯的认知不断深入,以及隧道施工技术进步、隧道施工装备及通风技术的发展和提升,普遍认为把瓦斯隧道分为低瓦斯、高瓦斯和瓦斯突出三类的做法偏粗。实际公路瓦斯隧道施工中发现,当隧道穿越含炭质地层(如炭质页岩、炭质千枚岩等地层具有生烃能力)、穿越含煤线或薄煤层时[如重庆渝合(川)高速公路西山坪隧道、渝黔高速公路笔架山隧道、万(州)开(州)高速公路路南山隧道等],其瓦斯涌出量极其轻微(偶尔检测到瓦斯但其在较小通风量或不需机械通风的情况下其浓度均较低,一般瓦斯浓度在0.1%~0.3%),施工中仅需进行瓦斯检测和加强通风的情况下即可按正常隧道进行安全施工,因此提出有必要再细分一档的设想。

随后本规范主编单位开展了一系列的科研攻关,提出了微瓦斯隧道的概念,并成功应用到多个实际工程中。2011年,本规范主编单位在科研和工程实践总结基础上,编制了《公路瓦斯隧道设计与施工技术指南》,提出公路瓦斯隧道划分为微瓦斯、低瓦斯、高瓦斯和瓦斯突出四类及换算指标,并逐步引起行业的关注。2014年2月,贵州省交通运输厅颁布实施的《贵州省高速公路瓦斯隧道设计技术指南》和《贵州省高速公路瓦斯隧道施工技术指南》参考借鉴了《公路瓦斯隧道设计与施工技术指南》关于瓦斯隧道的划分方法和标准,将瓦斯隧道划分为微瓦斯、低瓦斯、高瓦斯和瓦斯突出四类。2016年9月1日,本规范主编单位主持起草的四川省地方标准《公路瓦斯隧道技术规程》(DB 51/T 2243—2016)施行,首次以标准的形式载明将瓦斯隧道划分为微瓦斯、低瓦斯、高瓦斯和瓦斯突出共四类,通过近年来执行效果来看,细划出微瓦斯隧道,在瓦斯隧道建设安全、经济方面起到了积极作用。

《铁路隧道设计规范》(TB 10003—2016)和《铁路瓦斯隧道技术规范》(TB 20120—2019)参照了《公路瓦斯隧道设计与施工技术指南》及《公路瓦斯隧道技术规程》(DB 51/T 2243—2016)的瓦斯隧道分类方法,均将瓦斯隧道划分为微瓦斯、低瓦斯、高瓦斯和瓦斯突出四类。科研攻关、工程应用、地方标准运行以及被铁路行业参考借鉴等一系列实践效果证明:对瓦斯隧道进行细分是必要、可行和积极有效的,因此本规范规定将瓦斯隧道分为微瓦斯、低瓦斯、高瓦斯和煤(岩)与瓦斯突出四类。

隧道施工是按施工工区进行组织和管理的,而瓦斯隧道的瓦斯防治工作也是按工区划分进行组织管理。一座瓦斯隧道可能多次穿越瓦斯地层,不同瓦斯地层其瓦斯类别可能不同,因此本规范规定当一座瓦斯隧道穿越不同类别瓦斯地层(或工区)时,瓦斯隧道类别按穿越不同瓦斯地层(或工区)最高类别确定。如瓦斯地层(或工区)中最高类别为瓦斯突出地层(或工区),则该隧道为瓦斯突出隧道;如最高类别为低瓦斯地层(或工区),则为低瓦斯隧道。

3.2.2 微—高瓦斯地层或瓦斯工区类别的判定指标为隧道内绝对瓦斯涌出量,应符合表3.2.2的规定。

表3.2.2 瓦斯地层或瓦斯工区绝对瓦斯涌出量判定指标

瓦斯地层或瓦斯工区类别	绝对瓦斯涌出量 Q_{CH_4}（m³/min）
非瓦斯	0
微瓦斯	$0 < Q_{CH_4} < 1.0$
低瓦斯	$1.0 \leq Q_{CH_4} < 3.0$
高瓦斯	$3.0 \leq Q_{CH_4}$

【释义】

煤矿、铁路、公路等行业均根据绝对瓦斯涌出量判定瓦斯等级(类别),都有其各自的标准。保障瓦斯隧道施工安全,关键是控制瓦斯浓度不超限、隧道施工通风风量合规,保障稀释瓦斯、施工通风风速合规避免瓦斯积聚。因此从施工安全和经济合理方面综合考虑,本规范规定了不同类别瓦斯隧道的最高浓度要求和最低风速规定,并以按施工通风稀释瓦斯浓度计算确定的瓦斯绝对涌出量值作为瓦斯类别划分指标。

根据通风量计算工区内绝对瓦斯涌出量:

$$Q_{CH_4} = \frac{Q_S \cdot \omega}{\alpha} = \frac{v \cdot A \cdot \omega}{\alpha} \quad (3-1)$$

式中:Q_{CH_4}——工区内绝对瓦斯涌出量;

Q_S——隧道回风流内通风量;

ω——允许的最高瓦斯浓度(微、低瓦斯分界取0.25%,低、高瓦斯分界取0.5%);

α——瓦斯涌出不均衡系数,1.5~2.0;根据断面大小,两车道公路隧道取1.5,三车道公路隧道取2.0;

… v——隧道回风流内最低风速(微、低瓦斯分界取 0.15m/s,低、高瓦斯分界取 0.25m/s);

A——隧道回风流的断面积(两车道取 70m²,三车道取 105m³)。

计算参数见表 3-1。

表 3-1 计算参数一览表

计算工况	回风流的断面积(m²)		最小风速(m/s)	回风流最高瓦斯浓度(%)
	两车道隧道	三车道隧道		
微、低瓦斯地层(工区)分界	70	105	0.15	0.25
低、高瓦斯地层(工区)分界			0.25	0.5

关于最高浓度及最低风速的取值说明:微瓦斯隧道风速参照煤矿巷道掘进中的岩巷最低风速以及公路隧道采用全断面开挖最低风速要求取 0.15m/s;微瓦斯隧道瓦斯浓度控制标准参照我国台湾瓦斯隧道施工管理规定——可燃性气体浓度 0.25%以下按正常作业,以及日本乙种矿井回风巷道风流中的可燃气体含量(如 CH_4、CO 等)小于 0.25%的规定。

低瓦斯隧道风速参照煤矿巷道采煤工作面、掘进中的煤巷和半煤岩巷最低风速以及公路隧道分部开挖的坑道中最低风速取 0.25m/s,低瓦斯隧道瓦斯浓度控制标准参照铁路瓦斯规范低瓦斯工区任一处瓦斯浓度不大于 0.5%的规定。

绝对瓦斯涌出量计算:

(1)微、低瓦斯分界指标值计算:

两车道:$Q_{CH_4} = \dfrac{v \cdot A \cdot \omega}{\alpha} = \dfrac{0.15 \times 60 \times 70 \times 0.25\%}{1.5} = 1.05 \, (m^3/min)$

三车道:$Q_{CH_4} = \dfrac{v \cdot A \cdot \omega}{\alpha} = \dfrac{0.15 \times 60 \times 105 \times 0.25\%}{2.0} = 1.18125 \, (m^3/min)$

(2)低、高瓦斯分界指标值计算:

两车道:$Q_{CH_4} = \dfrac{v \cdot A \cdot \omega}{\alpha} = \dfrac{0.25 \times 60 \times 70 \times 0.5\%}{1.5} = 3.5 \, (m^3/min)$

三车道:$Q_{CH_4} = \dfrac{v \cdot A \cdot \omega}{\alpha} = \dfrac{0.25 \times 60 \times 105 \times 0.5\%}{2.0} = 3.9375 \, (m^3/min)$

根据上式，并综合考虑其他不确定因素，微、低瓦斯地层或工区绝对瓦斯涌出量分界值取 $1.0m^3/min$，低、高瓦斯地层或工区绝对瓦斯涌出量分界值取 $3.0m^3/min$。

《公路瓦斯隧道技术规程》(DB 51/T 2243—2016) 关于绝对瓦斯涌出量划分计算公式和计算结果与上式一致，但最终取值考虑了安全系数取2之后又进行了折减：微瓦斯工区划分限值为 $0.5m^3/min$；低瓦斯工区划分的上限值确定为 $1.75m^3/min$，但偏安全考虑取 $1.5m^3/min$。关于是否需要考虑安全系数2，本规范编制过程中进行了进一步研究认为：①计算公式中的不均衡系数=最大值/平均值，公式含义是用平均的概念(平均浓度乘以面积)反映总量；②公式中关于最低风速、最高浓度指标已考虑一定的安全富余，而且根据计算结果又进行了小值取整，是偏安全的，若在此基础上考虑安全系数2，则不断加大安全冗余度，势必牺牲了一定的经济性；③《铁路隧道设计规范》(TB 10003—2016) 在进行公式计算后亦没有考虑安全系数2，而是根据公式计算结果，综合考虑各种因素后适度取偏安全值。因此，本规范不再取安全系数2。

《铁路瓦斯隧道技术规范》(TB 20120—2019) 关于瓦斯等级划分指标保持与《铁路隧道设计规范》(TB 10003—2016) 一致，中等、大、特大跨度隧道微、低瓦斯工区绝对瓦斯涌出量分界值取 $0.5m^3/min$；低、高瓦斯工区绝对瓦斯涌出量分界值取 $1.5m^3/min$。其虽然与《公路瓦斯隧道技术规程》(DB 51/T 2243—2016) 的数值一致，但不是取安全系数2折减的原因，根据其公式及计算过程，其输入主要参数取值与公路是有差异的，如：

(1) 最高浓度要求不同。微、低瓦斯分界：铁路取 0.15%，公路取 0.25%。

(2) 最低风速要求不同。低、高瓦斯分界：铁路取 0.15m/s，公路取 0.25m/s。根据《铁路隧道设计规范》(TB 10003—2016) 第11.2.5条规定："钻爆法施工的隧道，洞内施工通风的风速应满足：1 全断面开挖时不应小于 0.15m/s，分部开挖时不应小于 0.25m/s。2 瓦斯隧道的微瓦斯、低瓦斯工区不应小于 0.25m/s,高瓦斯工区、瓦斯突出工区最低风速宜适当加大",因此低、高瓦斯分界风速取 0.25m/s 较为合适。按此计算,那么低、高瓦斯分界绝对瓦斯涌出量计算值为 3.375m³/min,与公路瓦斯隧道计算值相当。

因此,本规范瓦斯地层或瓦斯工区绝对瓦斯涌出量判定指标以 1.0 和 3.0 作为分界值。

3.2.3 瓦斯地层有下列情况之一的,应进行煤(岩)与瓦斯突出危险性鉴定,或直接认定为突出煤(岩)层:

1 有瓦斯动力现象的;

2 煤(岩)层瓦斯压力达到或超过 **0.74MPa** 的;

3 隧道穿越相邻矿井开采的同一煤(岩)层发生突出事故或被鉴定、认定为突出的。

【释义】

由于煤(岩)与瓦斯突出是一种复杂的煤体动力现象,且发生煤(岩)与瓦斯突出的公路隧道案例很少,使得公路瓦斯隧道预测敏感指标及临界值的确定有较大的难度。

因此,本规范参照了《煤矿瓦斯等级鉴定办法》(2018年)第十四条和《防治煤与瓦斯突出细则》(2019年)第十三条的规定:"非突出矿井或者突出矿井的非突出煤层出现下列情况之一的,应当立即进行煤层突出危险性鉴定,或直接认定为突出煤层;鉴定完成前,应当按照突出煤层管理:

(一)有瓦斯动力现象的;

(二)煤层瓦斯压力达到或者超过 0.74MPa 的;

(三)相邻矿井开采的同一煤层发生突出事故或者被鉴定、认定为突出煤层的。"

3.2.4 煤(岩)与瓦斯突出鉴定应根据实际测定的煤层瓦斯压力 p(测定

方法见本规范附录 A)、煤的破坏类型(见本规范附录 B)、煤的瓦斯放散初速度 Δp(测定方法见本规范附录 C)和煤的坚固性系数 f(测定方法见本规范附录 D)等指标进行。全部指标均达到或超过表 3.2.4 所列临界值的,应确定为突出煤(岩)层。

表 3.2.4　判定煤(岩)层突出危险性单项指标的临界值

判定指标	煤的破坏类型	瓦斯放散初速度 Δp	煤的坚固性系数 f	煤层瓦斯压力 $p(\mathrm{MPa})$
有突出危险的临界值及范围	Ⅲ、Ⅳ、Ⅴ	≥10	≤0.5	≥0.74

【释义】

由于煤(岩)与瓦斯突出是一种复杂的煤体动力现象,且发生煤(岩)与瓦斯突出的公路隧道案例很少,使得公路瓦斯隧道预测敏感指标及临界值的确定有较大的难度。

因此,本规范参照了《防治煤与瓦斯突出细则》(2019 年)第十一条和《煤矿瓦斯等级鉴定办法》(2018 年)第三十七条的规定,采用煤层突出危险性指标进行突出煤层鉴定的,应当将实际测定的原始煤层瓦斯压力(相对压力)、煤的坚固性系数、煤的破坏类型、煤的瓦斯放散初速度作为鉴定依据。全部指标均符合表 3-2 所列条件的或打钻过程中发生喷孔、顶钻等突出预兆的,鉴定为突出煤层。

表 3-2　煤层突出危险性鉴定指标

判定指标	煤的破坏类型	瓦斯放散初速度 Δp	煤的坚固性系数 f	煤层原始瓦斯压力(相对)$p(\mathrm{MPa})$
有突出危险的临界值及范围	Ⅲ、Ⅳ、Ⅴ	≥10	≤0.5	≥0.74

3.2.5　在瓦斯隧道掘进过程中,隧道内检测有瓦斯时,应结合地层的瓦斯赋存情况按本规范第 3.2.2 条、第 3.2.3 条和第 3.2.4 条确定瓦斯工

区类别;当施工区段内全部瓦斯地层穿越完毕,经检测并评定无瓦斯时,后续施工区段应确定为非瓦斯工区。两瓦斯地层间的非瓦斯地层段宜结合地层段长度、实测瓦斯情况、施工情况等确定瓦斯工区类别。

【释义】

隧道瓦斯工区施工可能单次或多次穿越瓦斯地层,瓦斯工区与非瓦斯工区是一个动态变化的过程。因此,划分不同类别的瓦斯工区段,利于针对瓦斯类别采取安全、经济的工程措施和管理措施,在保证安全的基础上,提高施工效率、避免工程浪费,如图3-1所示。

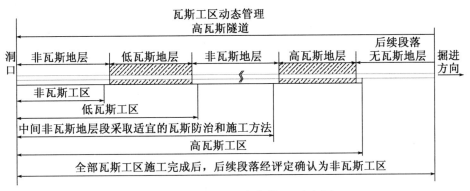

图3-1 瓦斯工区动态管理示意图

(1)如图3-2所示,洞口至进入第一个瓦斯区段前(AB段)为非瓦斯工区段,可按非瓦斯工区进行管理,但电气、瓦斯检测与监测、通风及作业机械等设备应按通过的最高瓦斯工区类别(本示意最高瓦斯工区类别为高瓦斯工区)的要求配置,避免进入更高类别瓦斯工区时更换设备配置。

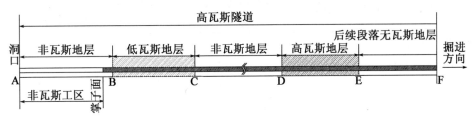

图3-2 非瓦斯工区

（2）如图3-3所示，进入低瓦斯地层段（BC段）施工，洞口至开挖掌子面为低瓦斯工区，应按低瓦斯工区进行管理，但电气、瓦斯检测与监测、通风及作业机械等设备应按通过的最高瓦斯工区类别的要求配置，避免进入更高类别瓦斯工区时更换设备配置。

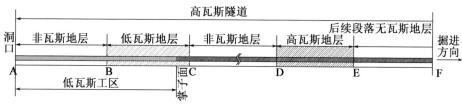

图3-3　低瓦斯工区

（3）如图3-4所示，隧道施工至两瓦斯地层间的非瓦斯地层段（CD段）宜结合地层段长度、瓦斯检测和类别评定、施工实际等情况，确定工区类别。

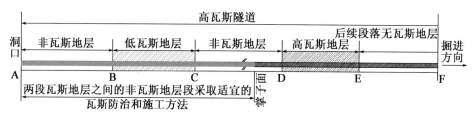

图3-4　两段瓦斯地层之间的非瓦斯地层

主要是考虑两瓦斯区域内瓦斯赋存可能有一定的关联、隧道的开挖与洞室存在对瓦斯的沟通作用、施工通风对瓦斯的串联和搬运作用等对安全的影响，因此需要根据实测瓦斯情况确定瓦斯工区类别并根据相应确定的瓦斯工区类别进行施工管理，当实测无瓦斯且经检测评定为非瓦斯工区时，则应根据该段落长度及施工情况等综合确定是否按非瓦斯工区进行管理。

（4）如图3-5所示，进入高瓦斯地层段（DE段）施工，洞口至开挖掌子面为高瓦斯工区，应按高瓦斯工区进行管理，因此其电气、瓦斯检测与监测、通风及作业机械等设备应均应按高瓦斯工区类别进行配置。

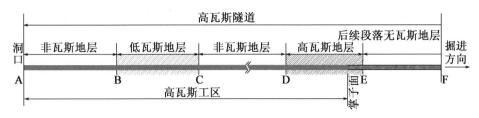

图3-5 高瓦斯工区

(5)如图3-6所示,隧道全部瓦斯地层施工完毕且后续段落无瓦斯地层段,虽然此时掌子面进入了非瓦斯地层,与图3-4类似,但考虑瓦斯赋存可能有一定的关联、隧道的开挖对瓦斯的沟通作用、施工通风对瓦斯的串联和搬运作用等影响,因此首先应根据实测瓦斯情况对工区进行校核评定,并根据相应评定的瓦斯工区类别进行施工管理。当实测无瓦斯且经检测评定为非瓦斯工区时,则后续施工区段可按非瓦斯工区进行施工管理。鉴于后续段落无瓦斯地层,且经评定确认为非瓦斯工区,则电气、瓦斯检测与监测、通风及作业机械等设备配置可做调整。

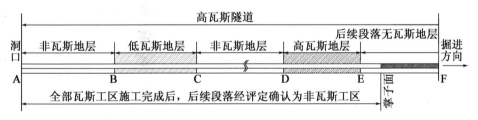

图3-6 后续段落

4 勘 察

4.1 一 般 规 定

4.1.1 隧道穿越、邻近瓦斯地层或下伏地层有瓦斯赋存时,应分阶段开展瓦斯隧道地质勘察,勘察范围和勘察深度应满足各阶段隧道设计的需要。

【释义】

瓦斯是地层中以甲烷(CH_4)为主的有害气体的总称,但大多数时候,瓦斯单独指甲烷。我国各行业对瓦斯有习惯性称呼,石油系统统称为天然气、油田气,煤炭系统和交通系统统称为瓦斯,瓦斯可与煤炭伴生,也可与石油、油页岩伴生,而天然气则充填于气田所在地层中。

瓦斯的形成主要包括有机成因和无机成因,其中煤层瓦斯主要为有机成因,天然气主要为有机和无机成因的混合。有机成因中,在泥、砂沉积过程中,其中混有的动植物在地壳高温高压及缺氧环境下逐渐变成煤和石油,同时伴生瓦斯,成煤时间越长,煤质越好,含有瓦斯也越多,如图4-1所示。

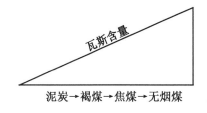

$$4C_6H_{10}O_5 \xrightarrow[\text{高温高压}]{\text{微生物}} 7CH_4\uparrow+8CO_2\uparrow+3H_2O+C_9H_6O$$
纤维 烟煤

$$\text{而} 3C_9H_6O \longrightarrow CH_4\uparrow+3H_2O\uparrow+2C_{13}H_4$$
烟煤 无烟煤

图 4-1 煤层中瓦斯含量与成煤过程关系示意图

甲烷是非常稳定的烃类(碳氢化合物)气体,无色无味,但瓦斯中往往混有除甲烷以外的少量芳香族气体、H_2S等气体,所以常常伴有异味。甲烷密度一般是$0.716kg/m^3$,约为空气的0.6倍,在隧道顶部和坍方洞穴通风不良时往往存在大量瓦斯。

4 勘　察

铁道部于2002年7月1日颁布实施了《铁路瓦斯隧道技术规范》（TB 20120—2002），这是我国第一个完整的瓦斯隧道工程技术标准，同时煤炭系统也在巷道内煤层及瓦斯检测防治等方面积累了丰富的经验，并制定了一系列技术标准。但由于公路隧道断面大、无轨运输，在瓦斯等级划分指标、瓦斯检测、施工通风要求等方面的与煤矿巷道、铁路隧道有很大差异，故铁路和煤炭行业的标准仅能作为公路瓦斯隧道设计和施工的参考。

目前，公路瓦斯隧道勘察依据主要为《公路工程地质勘察规范》（JTG C20—2011），该规范对于瓦斯等有害气体没有规定具体的勘察方法，只是笼统地提到勘察时要按照相关规定对瓦斯等有害气体进行测试，探明其类型、位置等，并评价其对工程建设的影响，瓦斯地质的内容隐含于"不良地质"的概念中。针对瓦斯地质的勘察，目前的公路勘察规范存在以下不足：

（1）关于瓦斯的工程地质归类。该规范在"7 不良地质"和"8 特殊性岩土"中，无有害气体或瓦斯的专门章节，在"附录A 公路主要不良地质的分类"中，也无有害气体或瓦斯勘察的专门论述。

（2）关于瓦斯勘察的阶段划分。公路隧道勘察工作对瓦斯勘察的阶段性要求不明确，没有根据不同勘察阶段，没有明确主要的勘探手段和测试方法。

（3）关于瓦斯勘察的分析评价指标。《公路工程地质勘察规范》（JTG C20—2011）对瓦斯勘察的要求定性评价多、定量评价少，对瓦斯勘察的具体操作性不强，瓦斯评价的具体方法、参数指标偏少或不明确。由于没有提出瓦斯测试的具体指标参数，也就没有提出参数获取的勘探、测试方法和取得的参数如何分析利用。实际勘察中，常常结合铁路、煤炭行业制定的规范、规程进行公路瓦斯隧道地质勘察工作，如：《铁路瓦斯隧道技术规范》（TB 10120—2019）、《煤矿安全规程》（2016年版）、《煤与瓦斯突出矿井鉴定规范》（AQ 1024—2006）、《煤层气测定方法（解吸法）》

（AQ 1046—2007）等,特别是在2005年12月22日,都汶路董家山隧道发生特大瓦斯爆炸事故后,公路瓦斯隧道的勘察就更加注重对成熟规范的借鉴和使用。

(4)关于非煤系地层瓦斯隧道勘察。1994年4月3日位于四川省金堂县境内的达成铁路炮台山隧道发生瓦斯爆炸、2015年2月24日四川洛带隧道发生瓦斯爆炸,隧道均通过的是非煤系地层,灾后调查分析认为爆炸气体来源于地下埋深达2 000～3 000m的天然气顺地层裂隙上涌至隧道内发生,故对于此类隧道瓦斯问题的勘察设计内容更为欠缺,也没有成熟的勘察规范、规程可以直接借鉴。目前,隧道在进行通过天然气等已有气田分布区时,常借鉴石油系统的相关规范进行隧道瓦斯的评价工作,勘察设计的积累成熟度更低,常借鉴的勘察规范有《野外石油天然气地质调查规范》（SY 5517—92）、《天然气藏地质评价方法》（SY/T 5601—2009）、《稳定轻烃组分分析　气相色谱法》（SY/T 0542—2008）等,在设计工作中,往往还需结合煤系地层瓦斯隧道的勘察设计方法进行综合评价。

综上,本规范在编制时,依据《公路工程地质勘察规范》（JTG C20—2011）中关于公路工程勘察阶段的划分规定,瓦斯隧道勘察一般仍划分为四个阶段,包括:预可行性研究阶段工程地质勘察(简称预可勘察)、工程可行性研究阶段工程地质勘察(简称工可勘察)、初步设计阶段工程地质勘察(简称初步勘察)和施工图设计阶段工程地质勘察(简称详细勘察),除满足《公路工程地质勘察规范》（JTG C20—2011）关于一般隧道勘察的技术要求外,还应按本规范各勘察阶段的要求加深开展瓦斯隧道地质勘察工作。另外,隧道涉及煤矿压覆和通过采空区情况时,需按照《煤矿安全规程》(2016年版)、《建筑物、水体、铁路及主要井巷煤柱留设与压煤开采规范》(安监总煤装〔2017〕66号)和《采空区公路设计与施工技术细则》（JTG/T D31-03—2017）、《煤矿采空区岩土工程勘察规范》（GB 51044—2014）等相关要求执行。

4 勘 察

本规范根据隧道穿越的不同地层,将瓦斯隧道分为煤系地层瓦斯隧道和非煤系地层瓦斯隧道。直接穿越煤系地层的隧道为煤系地层瓦斯隧道,地质构造中的向斜轴部、背斜鞍部、鼻状构造的倾斜端及"S"形背斜转折端等是煤层瓦斯容易集中的位置,且一般缓倾角煤层要比急倾角煤层瓦斯含量多;隧道虽然没有直接穿越煤系地层,但下伏或邻近地层中的瓦斯具备运移至本隧道的条件而使隧道内存在瓦斯时,则为非煤系地层瓦斯隧道。瓦斯地层中的瓦斯来源除隧道直接穿越的煤系地层外,还有下伏的煤系地层、页岩气地层、油页岩、石油、天然气储层及含有机质地层,瓦斯具有流动、运移的特性,故隧道穿越、邻近瓦斯地层或下伏地层有瓦斯赋存时,均需开展瓦斯隧道地质勘察工作。"邻近"是指与本隧道距离不大(距离一般小于5km)、已查明具有瓦斯分布的同一地质构造单元,且不受深切峡谷隔离的隧道,经分析具备瓦斯运移至本隧道的条件,也需开展瓦斯隧道地质勘察工作。勘察范围和勘察深度满足预可、工可、初设、施设等设计阶段对瓦斯隧道勘察资料的要求,为隧道合理选线、隧道瓦斯防治、设计施工措施制定等提供地质资料。

瓦斯隧道(不论是煤系地层瓦斯隧道,还是非煤系地层瓦斯隧道)主要存在以下五种危害:

(1)由于瓦斯的易燃性,可能发生瓦斯燃烧或爆炸事故。

(2)瓦斯无色无味,浓度很高时可使人窒息致死。

(3)瓦斯压力很大时,在施工开挖时会发生煤与瓦斯"突出"现象,掩埋隧道和人员,有时还伴生瓦斯爆炸。

(4)煤系地层隧道施工中,有时会发生煤层自燃和煤尘爆炸。

(5)隧道建成后,如衬砌密闭性能不好,瓦斯气体深入隧道内,当通风不良瓦斯达到爆炸浓度后,可能危及行车及行人安全。

另外,当隧道通过煤系地层时,如果煤层还没有开采,则存在压煤禁采和资源赔偿问题;如果已经开采,则存在采空区隧道下沉变形、老窑积水涌水等问题和隐患,必须在勘察后采取防范措施。

从既有瓦斯隧道的勘察设计和施工调研情况看,隧道直接穿越煤系地层时,则可判定为瓦斯隧道,典型案例如:都汶公路董家山隧道(隧道长度4 090m)、营达高速公路铁山隧道(隧道长度3 910m)等因穿越三叠系须家河组煤系地层,明确判定为瓦斯隧道;但是,当隧道穿越非煤系地层,下伏地层或周围岩体中含有瓦斯时,顺构造裂隙、断层、岩层层面等"通道"瓦斯上移至隧道也使隧道成为瓦斯隧道,典型案例如:四川达成铁路炮台山隧道(长度3 078m)、四川成都龙泉驿五洛路1号隧道(长度2 915m)等,隧道穿越的围岩是侏罗系砂岩、泥岩,受节理裂隙影响,下部2 000～3 000m处分布的三叠系须家河组的瓦斯上移到隧道内,而使隧道成为瓦斯隧道,且施工中由于瓦斯爆炸导致人员、财产损失,此类瓦斯隧道在勘察期间难以直接判断,应充分借鉴临近其他地下工程资料、石油天然气勘察资料后,经综合勘察后进行判断;另外,还存在勘察期间没有判定为瓦斯隧道,但在施工中出现了瓦斯而变更为瓦斯隧道的案例,这种情况在四川西部高原地区普遍分布的碳质千枚变质岩隧道中时有出现,且瓦斯的出现与岩性、地质构造有一定的关联,特别是在地层碳质含量高、隧道埋深大、构造作用强烈地段等条件下更有利于瓦斯的形成和聚集,比如某高速公路隧道1(隧道长度8 790m,图4-2)出口段的C2标段,隧道最大埋深1 386m,隧道围岩为碳质千枚岩、板岩,且为区域性转经楼倒转背斜的倒转翼,施工中出现了高瓦斯,但同一隧道的C1标段属于正常层序的背斜另一翼,则

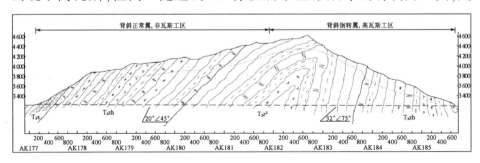

图4-2 隧道地质构造与瓦斯工区图

没有出现瓦斯;某高速公路隧道2(长度3 065m)围岩主要为碳质千枚岩、板岩,因处于区域性断裂影响带内出现了高瓦斯;某高速公路隧道3(隧道长度13 013m)碳质千枚岩、板岩受多条断裂构造运动影响,且最大埋深1 092m,在施工中出现低瓦斯等。所以,对于非煤系地层瓦斯隧道的判断,需结合岩性、地质构造、下伏油气田、下伏煤系地层的分布情况,经勘察分析后进行综合判断。

4.1.2 瓦斯隧道勘察应编制勘察大纲。编制前应收集隧址区的相关地质资料,对收集的资料进行分析和现场踏勘后,根据地形地质条件、勘察方法的适用性,综合选择勘察方法。

【释义】

勘察大纲是指导地勘工作的纲领性文件。编制勘察大纲前需要充分收集既有资料,隧址区附近既有的区域地质、水文地质、矿产地质以及煤矿、油气田等资料是确定瓦斯隧道地质条件和有关瓦斯参数的重要参考依据,充分收集和分析这些既有资料,并进行现场踏勘核实后,再进行各阶段勘察大纲的编制工作,继而投入与各阶段勘察要求相匹配的勘察工作量,既能减少瓦斯隧道的勘察成本,又能提高勘察方案的针对性和勘察质量,瓦斯隧道勘察需要与设计工作同步协调,提供各阶段设计所需的地质资料。

瓦斯隧道地质勘察大纲应根据隧道所处的地质构造、地层岩性等进行针对性编制,主要包括以下内容:

(1)项目概况:包括任务依据、技术标准、隧道规模、隧道走向、已进行的地质工作;

(2)隧道地质勘察执行的技术标准;

(3)自然地理和工程地质概况:包括隧址区地形地貌、气象水文、地震、地层岩性、地质构造、水文地质条件、不良地质、特殊性岩土、瓦斯及其他有害气体的分布和发育情况,以及可能影响隧道建设的涌突水、高地应力、偏压、浅埋、断裂带等重大和关键性地质问题等；

（4）隧道勘察实施方案：包括勘察内容、勘察方法和精度、勘探点和物探、试验测试等布置原则及主要工作量，以及针对瓦斯及其他重大地质问题采取的勘察对策、措施和专题研究等；

（5）组织机构、人员组成、设备配置、进度计划、技术质量管理、安全和环保措施；

（6）提交成果资料的内容和形式；

（7）其他需要说明的问题。

4.1.3 非瓦斯隧道在施工中发现瓦斯时，应按本规范详细勘察阶段的规定进行补充勘察。

【释义】

当隧道穿越的地层为非煤系地层且下伏或邻近煤系地层、油气田勘察资料缺乏时，难免出现本应是瓦斯隧道而判定为非瓦斯隧道的情况。若隧道施工期间发现了瓦斯，则非瓦斯隧道需调整为瓦斯隧道，并按本规范的详细勘察阶段要求进行瓦斯隧道补充勘察，补充勘察时，除了地勘时期常用的勘察方法外，还应借助隧道内现场实测瓦斯绝对涌出量(见本规范附录G)、采集气体进行试验测试等方法进行综合勘察和评价，为隧道调整设计提供地质资料。

4.2 勘察技术要求

4.2.1 应综合分析资料收集、地质调绘、物探、钻探、测试、试验等勘察方法所获取的各项勘察资料。

【释义】

按勘察大纲制定的勘察方法和工作量开展瓦斯隧道勘察工作，主要勘察方法包括地质调绘、物探、钻探、现场测试、室内试验等，勘察报告编制时，应综合分析和判断各勘察方法获取的资料，明确关于瓦斯地层类别等结论。

本规范第3.2节规定,根据绝对瓦斯涌出量Q_{CH_4}指标和煤(岩)与瓦斯突出现象指标,可将瓦斯隧道分为微瓦斯、低瓦斯、高瓦斯和煤(岩)与瓦斯突出四类;瓦斯隧道工区分为非瓦斯工区、微瓦斯工区、低瓦斯工区、高瓦斯工区、煤(岩)与瓦斯突出工区五类;瓦斯隧道类别应按瓦斯地层或瓦斯工区的最高类别确定。

4.2.2 应按下列内容进行资料收集,并对收集资料的完整性、适用性进行分析和核实:
  1 区域地质、水文地质、矿产地质等资料;
  2 邻近煤矿、油气田的相关资料;
  3 邻近其他地下工程的瓦斯地质资料。

【释义】

区域地质资料是掌握隧址区宏观地质构造的重要参考资料之一,需要充分收集并分析利用;邻近煤矿、油气田是指与公路隧道在地质构造上处于同一地质单元,具备瓦斯连通条件,瓦斯能够通过岩体或构造通道渗透、运移继而对公路隧道产生影响的既有、在建或已查明的煤矿、油气田等。

资料收集包括并不限于下列内容:

(1)1:20万区域地质图、区域水文地质图,1:5万区域地质图;

(2)油气田、气井的地质平面图、地质剖面图、地层柱状图、煤(岩)层对比图、钻孔资料、各阶段地质勘察报告等;

(3)煤层资料包括:煤层的层位、层数、厚度、间距、结构、构造、稳定程度、硫分、顶底岩性及其变化;煤质资料包括:颜色、光泽、密度、硬度、工业分析指标等;瓦斯资料包括:瓦斯含量、瓦斯涌出量及涌出形式、瓦斯压力、瓦斯放散初速度、软煤分层的坚固性系数、煤的破坏类型等;灾害资料包括:瓦斯爆炸、瓦斯燃烧、瓦斯异常涌出、煤(岩)与瓦斯突出、煤层自燃、煤尘爆炸等；

(4)瓦斯矿井的分布、开拓方式、通风方式、瓦斯类别等资料；

(5)采煤方法、采空区范围及顶底板管理方法、接替采区和规划采区的位置及范围等资料；

(6)煤(岩)与瓦斯突出的历史记载和实测资料，包括瓦斯压力、始突深度、时间、地点、强度、频率、突出类型等；

(7)收集隧道邻近地区天然气、页岩气储存和矿点地质资料，着重油苗、气苗、含气构造，了解石油和天然气部门的勘测活动，包括钻井井位、深度、油气显示、储层压力等；

(8)收集其他地下工程资料，包括公路隧道邻近的建成和在建的其他公路隧道、铁路隧道、水工隧道等地下工程，收集以上地下工程的勘察、设计、施工、运营各阶段的瓦斯地质资料。

4.2.3 地质调绘应符合下列规定：

1 应调查隧址区地形地貌、地层岩性、地质构造、水文地质条件。

2 应结合资料收集，调查隧址区地层的分布，煤层位置、厚度、产状、顶底板岩性组合特征及节理裂隙发育等情况。

3 应调查当地居民是否发现和利用过气苗、油苗，调查气苗、油苗露头位置、出气(油)量。

4 地质调绘后应初步分析隧道的瓦斯来源。

5 地质调绘应沿隧道轴线及其两侧的带状范围进行，调绘宽度应满足工程方案比选及工程地质分析评价的要求。

【释义】

勘察时，需对收集的地质资料进行熟悉和分析后开展地质调绘工作，以提高地质调绘工作的针对性、效率和精度。对于煤系地层瓦斯隧道，主要调查煤系地层在地表分布的位置、厚度、产状、开采情况等；对于非煤系地层瓦斯隧道，在利用收集资料的基础上，主要调查访问分析瓦斯产生、运移、储存的地质构造，主要包括下伏煤层、油页岩层、页岩气层、天然气储气层所处构造部位，分析瓦斯的生成、运移、储集条件及影响因素。

地质调绘主要采用追索法、穿越法等。因瓦斯微溶于水，根据煤矿井下经验，地下流动水区域往往瓦斯赋存量较少，故需开展隧道水文地质条件的调查，隧道水文地质调绘的重点是地下水的补给、径流、排泄等水文地质条件以及与瓦斯运移的相互关系。

地质调绘底图的比例尺不应小于隧道工程地质图成图的比例尺；调绘采用的地层单位应与各勘察设计阶段的工作内容、深度和成图比例尺相适应，按表 4-1 选用。

表 4-1　地层单位划分表

勘察阶段	预可勘察	工可勘察	初步勘察	详细勘察
地层单位	群、组	群、组	组、岩性段	组、岩性段

工程地质调绘点在图上的密度每 100mm × 100mm 不得少于 4 个；图上的地质界线与实际地质界线的误差在图上的距离不应大于 3mm，必要时应采用仪器测绘；图上宽度大于 2mm 的地质现象应予以调绘。煤层、断层等地质现象在图上的宽度不足 2mm 时，宜采用扩大比例尺表示，并标注其实际数据。

对于煤系地层瓦斯隧道，主要采用地质调绘和访问相结合的手段，利用既有煤矿巷道、地表岩层露头，调查隧道穿越含煤地层分布、煤层位置、厚度、倾角和煤层顶底板的岩性、节理、裂隙、岩层组合等特征，采用投影计算确定隧道穿煤里程和长度。

非煤系地层中赋存瓦斯，必须有生气层、储气层和盖层，三者缺一不可，调查时应在利用既有资料的基础上，进行地质调绘。根据工程地质的性质差异，可以把上述三类地层分为以下类型：

(1) 碎屑岩类组合：生气层主要是暗色泥页岩、煤层；储气层为砂岩、粉砂岩、砾岩；盖层为致密泥岩、页岩。

（2）碳酸盐岩类组合：生气层为暗色、富含有机质之灰岩、白云岩、煤层；储气层为溶隙发育的灰岩、白云岩；盖层为石膏、岩盐、致密灰岩、白云岩、泥灰岩。

（3）碎屑岩与碳酸盐岩类混合，即以上两种岩类的组合情况。

非煤系地层瓦斯的"圈闭"构造指有利于瓦斯储存的局部地质构造，此术语引自石油天然气部门，地层中仅有气源及储气层但无圈闭，是难以把瓦斯等气体保存下来的。圈闭主要分为背斜圈闭、断层圈闭、岩性圈闭和地层圈闭四种（图4-3），勘察时综合分析圈闭构造是判断非煤系地层瓦斯的重要手段之一。

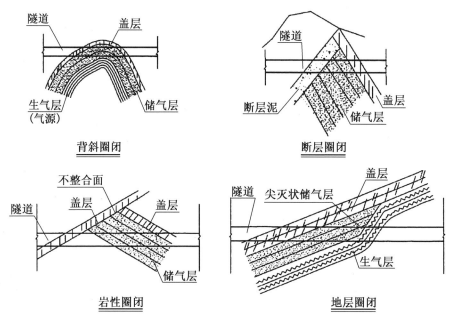

图4-3　各种储气"圈闭"构造示意图

4.2.4　物探应符合下列规定：

1　穿越复杂地质构造或采空区煤系地层的隧道，在资料收集和地质调绘后宜开展物探勘察。当一种物探方法解译困难时，可增加1~2种物探方法进行平行验证。

2 瓦斯隧道物探方法宜按表4.2.4进行选择。

表4.2.4 物探方法选择

隧道或采空区埋深(m)	主选物探方法	备选物探方法
10~30	电测深法、高密度电法	地震反射波法、瑞利面波法、地质雷达
30~50	高密度电法	地震反射波法
50~100	高密度电法	瞬变电磁法、地震反射波法
≥100	音频大地电磁法	可控源音频大地电磁法、地震反射波法

【释义】

物探主要目的是探测隧址区分布的断裂构造、褶皱核部、采空区、老窑积水等具备物性差异,且容易聚集瓦斯气体、水体的部位。在通过物探发现具有低阻(或高阻)异常部位后,需修正勘察大纲中初拟的钻孔等的布置,通过钻探等手段进一步验证性查明其地质条件。

物探方法种类较多,瓦斯隧道勘察时需选择适合隧道勘察、效果好、操作方便的方法。隧道所处地形一般来说起伏较大,在选择物探方法时,隧道埋深30m以内推荐使用电测深和高密度电法,30~100m范围内推荐使用高密度电法,大于100m推荐采用音频大地电磁法(强干扰情况下,可选用可控源音频大地电磁法或地震反射波法)。瞬变电磁法目前对异常的埋深及定量解释精度不够,且受地形起伏影响较大,但是由于瞬变电磁不受接地条件影响及对低阻体反应敏感等特性,可作为备选方法或作为平行验证方法。在物探勘察发现异常区后,还需配合地质调绘、钻探等勘察方法进行验证。

4.2.5 钻探应符合下列规定:

1 钻孔宜布置在隧道物探异常区、穿越煤层部位或构造中最有利储气部位,并宜结合孔内测井等测试手段查明煤层的分布特征。

2 孔底应钻至隧道路面设计高程以下不小于10m或必须查清的构造部位。

3 对于煤系地层瓦斯隧道钻孔,应重点对钻孔揭露的煤层位置、颜色、厚度、结构、裂隙发育情况、是否存在采空现象,采空区位置、规模以及地下水情况等进行描述;对于非煤系地层瓦斯隧道钻孔,应重点观察和描述钻井液中的气泡现象,钻进过程中的气体逸出部位、气体味道等。

4 每个钻孔内煤层、岩层取样均不宜少于 2 组;钻孔内遇气体时应封闭取气样,数量不宜少于 2 组。

【释义】

煤系地层瓦斯隧道钻孔布置时,宜根据物探解译异常区、煤层与隧道的空间关系确定钻孔位置。对于地质条件简单,可以通过资料收集和地质调查后能够基本确定煤层的分布情况时,可布置 1 个钻孔验证,而地质条件复杂瓦斯隧道则需要通过多个钻孔确定煤层分布情况。

非煤系地层瓦斯隧道瓦斯气体构造中最有利储气部位包括背斜轴部顶点、陡翼部、构造转折处、断裂带、地应力集中等部位。

钻探过程中,除了观察钻孔内的井液、气体情况外,还应及时采取煤样、岩样、气样送试;若钻孔内没有明显发现气体时,应在钻探完成并冲洗孔壁后封闭 24h 以上,之后采用孔口抽取气体的方法进行气体采样试验。

钻孔钻至隧道设计高程以下一定深度是为确保钻探及测试的有效性,并考虑到瓦斯具有渗透和运移的特性。

4.2.6 煤系地层瓦斯隧道的测试、试验应符合下列规定:

1 煤层煤样采取方法应符合现行《煤层煤样采取方法》(GB/T 482)的有关规定。

2 描述煤样的光泽、结构、构造、节理、断口等煤的外观特征,划分煤的破坏类型。煤的外观特征描述方法应符合《煤炭资源勘探煤样采取规程》[(87)煤地字第 656 号]的有关规定,煤的破坏类型分类应符合本规范附录 B 的有关规定。

3 测定煤样的视密度。煤的视密度测试应符合现行《煤的视相对密度测定方法》(GB/T 6949)的有关规定。

4 测定煤样的吨煤瓦斯含量。勘察时期的瓦斯含量测试应符合现行《地勘时期煤层瓦斯含量测定方法》(GB/T 23249)的有关规定,隧道施工期煤层瓦斯含量测试应符合现行《煤层气含量测定方法》(GB/T 19559)的有关规定。

5 测定煤样的水分、灰分、挥发分、全硫。煤样的水分、灰分、挥发分测定应符合现行《煤的工业分析方法》(GB/T 212)的有关规定,全硫测定应符合现行《煤中全硫的测定方法》(GB/T 214)的有关规定。

6 测试煤样的瓦斯放散初速度。煤的瓦斯放散初速度测试应符合本规范附录 C 的有关规定。

7 测试煤的坚固性系数、钻屑解吸指标。煤的坚固性系数测试应符合本规范附录 D 的有关规定,钻屑解吸指标测试应符合本规范附录 E 的有关规定。

【释义】

煤系地层瓦斯隧道勘察中煤样、岩样的采集测试目的是为了定量计算评价瓦斯隧道的相关分类指标。本规范中关于煤样、瓦斯气体样品的采集和测试方法主要参考了煤炭系统相关技术规范;实际勘察中,若收集资料中有与本规范要求的测试指标和参数处于同一套地层的岩层、煤层的资料时,可不进行再取样实测工作而直接引用其资料,并需加以分析说明。

(1)关于煤样采取。根据《煤层煤样采取方法》(GB/T 482—2008)的有关规定并结合公路隧道情况,煤层煤样的采集可以在临近同地层的煤矿巷道、隧道钻孔、煤层地表露头等部位采集,采集时应剥去煤层表面氧化层。

(2)关于煤样外观鉴定及破坏类型。作为突出煤(岩)层鉴定的指标之一的煤的破坏类型,主要依据煤的光泽、结构及构造特征、节理性质、节理面性质、断口性质、手感的煤样强度等指标进行划分,煤的破坏类型划分为五类(见本规范附录B),分别为:Ⅰ类(非破坏煤)、Ⅱ类(破坏煤)、Ⅲ类(强烈破坏煤)、Ⅳ类(粉碎煤)、Ⅴ类(全粉煤),其中Ⅲ、Ⅳ、Ⅴ类具备煤(岩)层突出的可能。

(3)关于煤样的密度,即煤的视相对密度。根据《煤的视相对密度测定方法》(GB/T 6949—2010)的有关规定,煤的视相对密度是指在20℃时煤(含煤的孔隙)的质量与同体积水的质量之比,煤规中符号为ARD_{20}^{20},本规范统一其符号为ρ。

(4)关于吨煤瓦斯含量。主要测试依据为《地勘时期煤层瓦斯含量测定方法》(GB/T 23249—2009),主要包括两个指标,一是煤层原始瓦斯含量,即单位质量(单位一般用吨)煤体重所含有的甲烷及重烃气体体积量;二是煤层残存瓦斯含量,即煤样解吸后在一个大气压(1.013×10^5 Pa)条件下,残存在煤样中的瓦斯含量。该两项指标是计算绝对瓦斯涌出量Q_{CH_4}的必要参数,其中煤层原始瓦斯含量为必须实测参数,煤层残存瓦斯含量可以通过煤样挥发分指标查表换算,详见本规范附录F。另外,隧道施工期揭露煤层时,因操作空间大,可以采取足量的煤样按照《煤层气含量测定方法》(GB/T 19559—2008),其测试精度比《地勘时期煤层瓦斯含量测定方法》(GB/T 23249—2009)要高,便于对勘察期的测试数据进行核实。

(5)关于煤样的水分M_{ad}、灰分A_{ad}、挥发分V_{ad}、全硫$S_{t,d}$。这四项是计算煤层瓦斯相关指标的必要参数,其中,煤样的水分M_{ad}、灰分A_{ad}参数用于本规范附录J煤层瓦斯含量直接测定方法,继而进行本规范第10.3节中开挖工作面煤(岩)与瓦斯突出危险性预测;煤的挥发分V_{ad}参数用于本规范附录F绝对瓦斯涌出量计算方法;全硫$S_{t,d}$参数用于煤的自燃倾向性评价。水分、灰分、挥发分的测定依据《煤的工业分析方法》(GB/T 212—2008)的有关规定,全硫的测定依据《煤中全硫的测定方法》(GB/T 214—2007)的有关规定。

(6)煤样的瓦斯放散初速度Δp、煤的坚固性系数f是本规范第3.2.4

4 勘 察

条煤(岩)与瓦斯突出鉴定的必要参数,测试方法见本规范附录 C、附录 D。

(7)钻屑解吸指标、钻孔瓦斯涌出初速度是本规范第10.3节突出危险性预测的指标之一,测试方法见本规范附录 E、附录 K。

4.2.7 非煤系地层瓦斯隧道的测试、试验应符合下列规定:

1 在勘察钻孔孔口或孔内分段采用泵吸式仪器吸入孔内气体,应检测钻孔内瓦斯浓度、流量、压力,并进行气样的瓦斯成分检测。

2 可进行钻孔岩芯的岩石薄片鉴定、岩石孔渗试验、岩石等温吸附试验、岩石荧光试验、岩石热解试验。

3 应采集地下水样进行成分检测,评价其对混凝土和钢筋的腐蚀性。水样的腐蚀性评价应符合现行《公路工程地质勘察规范》(JTG C20)的有关规定。

【释义】

对于非煤系地层瓦斯隧道,由于隧道的瓦斯分布和运移受褶皱、断裂、岩性及组合等多因素影响,其瓦斯分布非常复杂、规律性不高,比如在四川某高速公路发育区域性断裂,同样处于此区域非煤系地层变质岩区的1号和2号隧道施工中无瓦斯出现,但是3号隧道出现了高瓦斯(图4-4),经分析,这与3号隧道位于断裂带的正上方有一定关系。

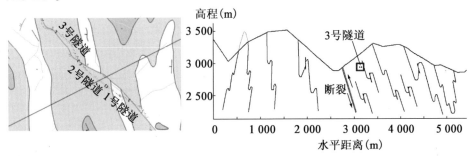

图 4-4 断裂与隧道的关系示意图

鉴于目前非煤系地层瓦斯隧道勘察积累的经验较少,尚无统一的勘察规定,在四川省川东油气田区、四川成都龙泉山地区以及川西北炭质千枚岩板岩等变质岩隧道区勘察中已进行过多次专题研究性勘察,从目前总结的经验来看,采用地质构造宏观判断、钻孔钻进现象观测、岩石取样测试、钻孔内气体抽取试验等方法进行综合判断是可行的。其常用的勘察流程如下(图4-5):

(1)非煤系地层瓦斯隧道勘察时,首先需要收集隧址区附近的区域地质、油气田、临近隧道和地下工程的有害气体出现和分布情况资料,对区域地质构造的宏观分析,特别是分析区域性断裂带、背斜、封闭盖层、岩浆岩侵入段、区域构造强烈程度等地质情况与隧道的关系,进行详细的访

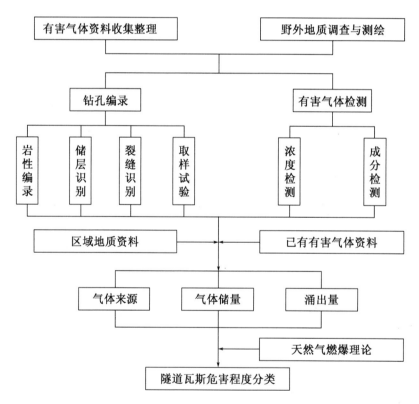

图4-5 非煤系地层瓦斯隧道勘察一般流程

问调查工作,为合理布置钻孔、物探和取样试验工作奠定基础。

(2)其次,可以优先实施物探工作,对经宏观判断的隧址区物探差异进行勘察,为合理调整钻探等工作提供依据。

(3)布置并实施合适位置的钻孔进行孔内测试和取样工作。

关于钻孔、测试及样品采集工作时,对于围岩一般岩样、炭质岩样、气体等的要求如下:

(1)一般岩样采集:现场采集钻孔内的诸如千枚岩、板岩、泥岩、砂岩等岩样,进行室内岩性、结构、构造、孔隙度和渗透率试验。

(2)炭质岩样采集:在隧址区地表露头或者钻孔内采集含炭质的诸如炭质的千枚岩、板岩、泥岩、页岩等岩样,现场密封后送室内进行煤样工业分析和室内生烃试验。

(3)钻孔气样采集及测试:现场利用大气采样仪在钻孔孔口采集气样进行瓦斯成分分析试验,可采用 SL-808A 天然气、液化石油气检测仪现场测定瓦斯(CH_4)。该仪器报警点范围为 $5 \times 10^{-4}\%$ ~ $100 \times 10^{-4}\%$,采用泵吸式吸入钻孔孔内气体进行检测。通过该仪器可现场确定隧道钻孔内有无瓦斯(CH_4)逸出及逸出的含量、速度、压力。瓦斯(CH_4)测试主要是在钻孔孔口进行;利用深孔有害气体采样仪在钻孔孔底或地下水位以上直接测试硫化氢(H_2S)、二氧化硫(SO_2)和高浓度一氧化碳(CO)含量。气体成分和含量分析试验按照现行《天然气的组成分析气相色谱法》(GB/T 13610)执行。

(4)室内岩石试验内容:通过现场采取岩芯,室内进行岩石的岩性、结构、孔隙度、渗透率以及荧光性、岩石等温吸附性、岩石热解试验等测试,判定岩石是否有油气浸染及存储油气的可能性,确定油气在岩石中的渗透性。

4.2.8 测试、试验项目可按表 4.2.8 选用。收集资料中缺乏有关参数资料时,应补充测试及试验。

表 4.2.8 测试、试验项目

测试及试验项目	煤样	气样	岩样	水样
煤样密度 $\rho(t/m^3)$	+		+	
吨煤瓦斯含量 $W(m^3/t)$	+			
煤中水分 $M_{ad}(\%)$	+			
煤中灰分 $A_{ad}(\%)$	+			
煤的挥发分 $V_{ad}(\%)$	+			
全硫 $S_{t,d}(\%)$	(+)			
煤层透气性系数 $\lambda[m^2/(MPa \cdot d)]$	(+)			
煤的破坏类型鉴定	(+)			
煤层瓦斯压力 $p(MPa)$		+		
煤的瓦斯放散初速度指标 Δp	(+)			
煤的坚固性系数	(+)			
钻屑解吸指标	(+)			
瓦斯成分		+		
钻孔内瓦斯浓度(%)		+		
钻孔内瓦斯流量(m^3/s)		+		
岩石薄片鉴定			(+)	
岩石孔渗试验			(+)	
岩石等温吸附试验			(+)	
岩石荧光试验			(+)	
岩石热解试验			(+)	
地下水成分检测				+

注:"+"为必做项目;"(+)"为选做项目。

【释义】

瓦斯隧道勘察时,先通过资料收集、地质调绘和钻孔揭露煤层及钻进情况初步判断瓦斯地层类别、煤层自燃倾向性及煤尘爆炸性等,当初步分析后判断瓦斯隧道类别为微瓦斯、低瓦斯时,可只进行必测项目的工作,若判断为高瓦斯或瓦斯突出时,则进行必测和选测项目的工作。

表 4.2.8 列出了常用的测试、试验项目,其中,对于煤系地层瓦斯隧道的必测项目为:煤的密度、吨煤瓦斯含量、瓦斯压力、煤中水分、灰分、挥发分、瓦斯气体成分;对于非煤系地层瓦斯隧道的必测项目为:钻孔内瓦斯浓度、压力、流量、瓦斯成分。选测项目是在瓦斯隧道经评价为高瓦斯或瓦斯突出时进行选择性测试和试验。若收集资料中有相关的测试和试验参数资料可利用时,可不进行实测工作。

对于非煤系地层瓦斯隧道,勘察期间应在地质钻孔孔口或孔内分段采用泵吸式仪器吸入孔内气体进行检测,检测仪器可选用 SL-808A 天然气及液化石油气检测仪等设备。

4.2.9 各勘察阶段的勘察方法可按表 4.2.9 进行选择。

表 4.2.9 各勘察阶段的勘察方法选择

勘察方法	勘察阶段			
	预可勘察	工可勘察	初步勘察	详细勘察
资料收集	+	+	+	+
地质调绘	+	+	+	+
物探		(+)	(+)	(+)
钻探		(+)	+	+
测试、试验		(+)	+	+

注:"+"为必做项目;"(+)"为选做项目。

【释义】

根据预可、工可、初步勘察、详细勘察等勘察阶段的不同要求,对于瓦斯隧道的勘察深度应遵循"由浅入深、从宏观至微观"的勘察理念。预可阶段主要利用收集的资料并进行现场调绘,工可阶段可辅以少量必要的现场勘探测试工作,基本确定煤层的分布、厚度等特征,分析下伏地层是否有瓦斯赋存,结合地质构造的发育程度,定性判断和划分瓦斯地层类别。初步勘察、详细勘察阶段通过钻孔、测试、试验等方法,定量计算分析隧道的瓦斯地层类别,划分瓦斯工区,进行煤层自燃倾向性和煤尘爆炸性评价。

勘察方法的选取和组合不是固定的,表中列出的是常用的勘察方法,并鼓励使用经过试验性验证的勘察新技术、新方法,特别是对于非煤系地层瓦斯隧道,由于目前积累的勘察经验较少,还需结合必要的专题性勘察研究,对瓦斯隧道的勘察进行探索性经验积累,逐步形成一套行之有效的勘察方法体系。根据勘察阶段的不同,勘察方案可综合考虑地质构造的复杂程度、岩性组合情况、资料收集详细程度、工程类型等各种因素后分析确定。

隧道中各含瓦斯地段的绝对瓦斯涌出量是确定施工工区瓦斯类别的重要依据。一个瓦斯工区的瓦斯涌出量,既与煤(岩)层的瓦斯含量、瓦斯压力有关,也与开挖断面大小、施工速度、喷射混凝土支护厚度以及模注混凝土衬砌滞后距离有关,一个施工工区的瓦斯涌出量是随施工过程而变化的,计算时必须考虑这些因素,最后选取瓦斯涌出量的最大值,作为判定工区瓦斯类别的依据。

对于非煤层瓦斯地层隧道,应通过钻孔封闭(封闭时间一般不小于24h)进行瓦斯浓度、压力、流量等测试,估算隧道开挖过程中绝对瓦斯涌出量;油页岩地区应测定岩石的有机碳含量,推算瓦斯含量;天然气地区应根据岩石孔隙、天然气压力、瓦斯压缩系数计算游离瓦斯含量。

设计阶段根据瓦斯勘察地质资料初步划分瓦斯工区和含瓦斯地段的类别后,施工阶段还应根据开挖后揭示的实际情况进行校核,尤其是对于煤层突出危险的判断,必须在开挖工作面进行现场检测和核实。因为勘察设计阶段所提供的资料受勘察条件所限具有一定的误差,而且预测和推算的方法目前也不尽完善,所以在施工中进行重新校核工作是十分必要的。

4.3 瓦斯隧道类别评估

4.3.1 预可、工可勘察阶段,当无相关资料参考时可按表4.3.1划分瓦斯隧道类别。

表 4.3.1　预可、工可勘察阶段瓦斯隧道类别划分

瓦斯隧道类别	煤系地层瓦斯隧道	非煤系地层瓦斯隧道	备　注
非瓦斯隧道	地层中不含煤层	下伏地层无深层瓦斯分布；下伏地层有深层瓦斯，隧址区为缓倾岩层且无区域性断裂分布	（1）类别划分时，由高向低，当满足条件之一时即可定为相应类别；（2）因预可、工可阶段地质资料较少且粗略，因此不列微瓦斯类别
低瓦斯隧道	煤层厚度≤0.3m	下伏地层有深层瓦斯，隧址区为缓倾岩层，倾角小于20°，但地质构造较发育，有区域性断裂分布	
高瓦斯隧道	煤层厚度>0.3m	下伏地层有瓦斯赋存，岩层倾角大于20°，处于背斜、向斜或区域性断裂构造	
瓦斯突出隧道	煤层厚度>0.3m，且含有疑似突出煤层	满足高瓦斯隧道条件，并且邻近地下工程出现过突出现象	

【释义】

根据相关研究，当煤层厚度小于0.3m时，即使发生煤层突出，力量也很小，不足以发生灾害，《煤矿安全规程》要求对于厚度大于0.3m的煤层进行突出评估，即使对于厚度小于0.3m的评价突出煤层，规定在"在工作面距煤层法向距离10m（地质构造复杂、岩石破碎的区域20m）之外，至少施工2个前探钻孔，掌握煤层赋存条件、地质构造、瓦斯情况等条件下可直接采用远距离爆破掘进工艺揭穿"，故本规范表4.3.1在瓦斯突出类别预可和工可阶段定性划分时采用了0.3m的分类界限。

预可和工可勘察阶段以资料收集分析和地质调绘为主，一般情况下不进行物探和钻探。对于层厚大于1.3m和资料类比本次勘察隧道瓦斯压力可能大于0.74MPa的煤层可布置钻孔验证，钻孔时可采用钻孔瓦斯压力测定仪在现场测定瓦斯压力，并从钻孔中采取煤样、岩样、气样进行实验室分析。

预可和工可阶段，当满足下列条件之一时，可初步判定为疑似突出煤层：

（1）临近煤矿同地层煤层发生过突出；

（2）验证性钻孔时，有喷孔、顶钻、卡钻等动力现象；

（3）钻孔测试时，实测瓦斯压力大小0.74MPa；

（4）钻孔或地表采取煤样实测吨煤瓦斯含量不小于$8m^3/t$。

关于非煤系地层瓦斯隧道类别判断。下伏油气田或地质构造复杂的炭质岩层隧道出现瓦斯的概率相对较大，比如受炭质变质岩区、下伏油气田分布区的隧道受褶皱倒转翼、穿越区域性断裂、高地应力、背斜储气集聚等影响，四川西北部、东部和龙泉山地区多座隧道出现了瓦斯灾害问题，需综合类比分析判断。

利用表4.3.1进行煤系地层瓦斯隧道定性判断时，需要综合煤层厚度、地质构造等因素进行综合分析。一般而言，临近煤矿关于矿井的瓦斯等级鉴定资料是比较可靠的参考依据，若无可用的煤矿资料时，可根据区域地质、其他工程勘察中关于隧址区煤层的厚度数据结合地质构造情况进行划分，划分时可按照煤层单层厚度作为依据，非累加厚度。

工可勘察案例：

（1）煤系地层瓦斯隧道。四川东部某煤系地层瓦斯隧道，隧址区临近无煤矿开采，经查区域地质资料可知煤层分布于三叠系须家河组中，单层厚0.14~0.31m，平均厚度0.25m，区域地质构造以背斜为主，地震动峰值加速度为$0.05g$，工可勘察阶段划分为低瓦斯隧道。

（2）非煤系地层瓦斯隧道。四川北部某高速公路9座隧道总体上位于川北油气区，邻区地下深度2 000~3 000m为侏罗系沙溪庙组、新田沟组、自流井组油气田分布，天然气以甲烷为主且不含硫化氢，地下深度4 000~6 000m为二叠系—三叠系气田分布、天然气中含硫化氢，即下伏地层中分布有瓦斯，结合地质构造和岩层产状、地质调绘地表节理发育情况等，其中的8座隧道位于单斜构造上、地层平缓，划分为非瓦斯隧道；而某隧道位于仪陇—平昌平缓构造带和川东断褶带交界处的铁山背斜东北倾没端，地层产状从平缓状变为约20°,构造复杂程度中等,划分为低瓦斯隧道。

4.3.2 对于煤系地层瓦斯隧道,初步勘察及详细勘察阶段应根据收集资料进行类比评估,开展地质调绘,实施物探、钻探和测试试验工作,按本规范附录F计算绝对瓦斯涌出量,按本规范第3.2节划分瓦斯地层及瓦斯工区类别。应采用资料收集等手段进行煤层自燃倾向性和煤尘爆炸性评价。

【释义】

瓦斯隧道评估时,应首先利用收集的煤矿、油气田瓦斯资料进行类比评估,对瓦斯隧道类别和有关参数进行初步判断和分析,可有效提高初勘、详勘工作的针对性,特别是物探、钻探的布置,以及岩石、气体的取样测试试验工作。

当煤层出露或邻近地表时,由于煤层内的瓦斯向地表运移,而大气以及地表因化学和生物化学作用生成的气体向煤层深部渗透,从而浅部煤层中的气体成分表现出垂向分带现象。自浅部向深部一般可分为四个带:CO_2-N_2带、N_2带、N_2-CH_4带和CH_4带,煤炭系统习惯将前三个带统称为"瓦斯风化带","CH_4"带称为瓦斯(甲烷)带。在瓦斯风化带成分中明显有大气和地表气体的混入,一般以气成分中CH_4浓度小于80%、N_2+CO_2浓度大于20%为确定瓦斯风化带下界的指标。由于地质条件的不同,瓦斯风化带的下界深度差异很大,变化范围从几十米至几百米。就公路工程而言,如能确定瓦斯风化带的下界位置,则高程位于瓦斯风化带下界之上的公路隧道可定性为非突出隧道。

初勘阶段,主要在工可阶段已获得成果的基础上,需增加钻探和物探工作,查明厚度不小于0.3m的煤层具体位置和其他指标,在现场钻孔内实测瓦斯压力,取样试验。初勘阶段应结合钻探现象、取样测试等,对工可阶段确定为"疑似突出煤层"以及其他不属于疑似突出、但厚度不小于0.3m的煤层进行鉴定是否属于突出煤层,结合资料收集和必要性测试,评价煤层自燃倾向性和煤尘爆炸危险性。

详勘阶段的地质工作与初勘阶段基本相同,主要对初勘发现的物探异常区、瓦斯突出性、绝对瓦斯涌出量、煤层自燃性、煤尘爆炸性等关键性参数进行验证性复查,以对初步勘察阶段成果进行验证或确认。此外,初步勘察至详细勘察阶段之间一般会有较长时间的间隔,初步勘察阶段收集的煤矿、油气田资料可能会有更新,应注意重新收集并分析利用。

根据煤炭行业的煤层厚度划分规定,煤层厚度0.3~0.5m为极薄煤层,0.5~1.3m以下为薄煤层,1.3~3.5m为中厚煤层,大于3.5m为厚煤层。在附录F绝对瓦斯涌出量计算时可对应选取相应的计算参数。

关于煤层自燃倾向性评价。暴露在空气中的煤,由于氧化放热导致温度逐渐升高,至70~80℃以后温度升高速度骤然加快,当达到煤的着火点(300~350℃)时,引起燃烧,这种现象称为煤层自燃。煤层自燃典型事例如:2015年4月7日,乌鲁木齐县火石山煤层自燃,因长时间地下煤炭的自燃,在火石山大约3km范围内,形成了3个煤层自燃带,煤层燃烧到地面后,在半山腰形成了一个燃烧口(火坑)。

煤层自燃倾向性测试宜采用流动色谱吸氧法,测定煤的吸氧量、全硫等指标进行评价,测试评价需符合《煤自燃倾向性色谱吸氧鉴定法》(GB/T 20104—2006)的有关规定。

煤层发生自燃的四个必备条件:①煤被开采后呈破碎状态,堆积厚度一般要大于0.4m;②有较好的蓄热条件;③有适量的通风供氧;④上述三个条件共存的时间大于煤的自燃发火期。此外,煤的自燃性能、开采技术、采空区三带划分、开采深度、煤层倾角和厚度以及地质构造等因素也影响着煤层自燃发生,影响和控制自燃的因素多。

煤自燃倾向性评价时,以每克干煤在常温(30℃)、常压($1.013\ 3 \times 10^5$Pa)下的吸氧量作为煤的自燃倾向性分类的主指标,结合煤样全硫的测定辅助指标,可按表4-2和表4-3进行评价。

表 4-2　煤样干燥无灰基挥发分 $V_{ad}>18\%$ 时自燃倾向性分类

自燃倾向性类别	自燃倾向性	煤的吸氧量 V_d（cm^3/g）
Ⅰ类	容易自燃	$V_d>0.70$
Ⅱ类	自燃	$0.40<V_d\leq0.70$
Ⅲ类	不易自燃	$V_d\leq0.40$

表 4-3　煤样干燥无灰基挥发分 $V_{ad}\leq18\%$ 时自燃倾向性分类

自燃倾向性类别	自燃倾向性	煤的吸氧量 V_d（cm^3/g）	全硫 $S_{t,d}$（%）
Ⅰ类	容易自燃	$V_d\geq1.00$	≥2.00
Ⅱ类	自燃	$V_d<1.00$	
Ⅲ类	不易自燃		<2.00

关于煤尘爆炸危险性评价，煤尘同瓦斯爆炸一样都属于矿井中的重大灾害事故。我国历史上最严重的一次煤尘爆炸发生在1942年的本溪煤矿，死亡1 549人，伤246人，死亡的人员中大多为CO中毒，事故发生前，巷道内沉积了大量煤尘，是由于电火花点燃局部聚积的瓦斯而引起的重大煤尘爆炸事故。

煤尘爆炸性测试鉴定可采用大管状煤尘爆炸性鉴定方法，具体操作需符合《煤尘爆炸性鉴定规范》（AQ 1045—2007）的有关规定。

煤炭系统关于煤尘爆炸性的测试鉴定方法有两种：一种是在大型煤尘爆炸试验巷道中进行，这种方法比较准确可靠，但工作繁重复杂，所以一般作为标准鉴定用；另一种是在实验室内使用大管状煤尘爆炸性鉴定仪进行，方法简便，本规范推荐采用大管状煤尘爆炸性鉴定方法。

煤尘爆炸必须同时具备三个条件：①煤尘本身具有爆炸性；②煤尘必须悬浮于空气中，并达到一定的浓度；③存在能引燃煤尘爆炸的高温热源。此外，煤尘爆炸还受煤的挥发分、煤的灰分和水分、煤尘粒度、空气中的瓦斯浓度、空气中氧的含量、引爆热源类型等因素的影响。

隧道开挖到煤层时空气中煤尘（指粒径小于75μm者）越多，爆炸的可能性越大。勘察时可按以下方法进行初步判断，若有爆炸危险时，再采用大管状煤尘爆炸性鉴定方法进行评定。

(1)煤尘中挥发物的比例,用煤尘爆炸指数 V_T 代表,当 $V_T > 10\%$ 时有可能爆炸。

$$V_T = \frac{V_r}{100 - A_{ad} - M_{ad}} \tag{4-1}$$

式中:V_r——煤的挥发分指标(%);

A_{ad}——煤样灰分(%);

M_{ad}——煤样水分(%)。

(2)空气中煤尘含量,当含量小于表4-4时,认为不会煤尘爆炸。

表4-4 煤尘含量爆炸下限与瓦斯浓度关系表

瓦斯浓度(%)	0.5	1.4	2.5	3.5
煤尘含量(g/m³)	34.5	26.4	15.5	6.4

由于隧道风流中瓦斯浓度一般小于1.5%,所以当煤尘含量小于26.4g/m³时,可认为不会发生煤尘爆炸危险(一般可用工作场所洒水、喷雾方法减少煤尘含量)。

与煤矿巷道和煤层开挖时面临的煤层大面积暴露的条件不同,瓦斯隧道穿越煤系地层时已考虑尽量以较短距离通过,所以在煤层自燃倾向性和煤尘爆炸性评价时,应收集邻近煤矿、地下工程关于煤层自燃倾向性和煤尘爆炸性的资料,若经分析本隧道工程所穿越的煤层与既有资料的煤层属于同一地层时,可直接引用其评价结论,不必再进行取样测试工作;当地层有差异时,需进行取样测试评价工作。

鉴于煤层自燃倾向性和煤尘爆炸性鉴定工作专业性强,而本规范的主要技术要求系参照煤炭行业技术规范编写,考虑到煤炭行业在煤层自燃倾向性和煤尘爆炸性鉴定工作方面积累了大量的成熟经验和技术,关于煤层自燃倾向性和煤尘爆炸性鉴定工作建议由专业单位完成。

4.3.3 对于非煤系地层瓦斯隧道,初步勘察和详细勘察阶段应开展专项勘察评价工作,结合收集资料的分析利用,通过钻孔封闭瓦斯测试、取岩、

4 勘 察

水样试验等计算隧道开挖过程中绝对瓦斯涌出量,划分瓦斯地层及瓦斯工区类别。

【释义】

　　非煤系地层瓦斯隧道的瓦斯来源主要为地下深埋(一般埋深大于1 000m)的天然气体顺断裂(层)、节理、裂隙等向上运移至隧道内。相比煤系地层瓦斯隧道的瓦斯来源为浅层分布的煤系地层,隧道勘察时可以通过钻孔、现场测试、煤矿资料收集等进行隧道瓦斯评价,非煤系地层瓦斯隧道有所不同,因没有直接穿越煤系地层,隧道内的瓦斯来源于下部的煤系地层瓦斯、深层天然气等可燃气体向上运移,非煤系地层瓦斯隧道下部可燃气体构造中最有利储气部位包括背斜轴部顶点、陡翼部、构造转折处、断裂带、地应力集中部位。由于运移通道多、复杂且难于准确探测,故应对非煤系地层瓦斯隧道进行专题勘察研究。专题应在收集、利用石油部门勘探资料的基础上,再对公路隧道进行必要的勘察工作,一般分为隧道定性评估阶段和定量评价阶段,定性评估以资料收集分析和少量钻探测试手段为主,定量评价以勘探、测试、实验等手段为主。

　　对于非煤系地层瓦斯隧道,应通过钻孔封闭(封闭时间一般不小于24h)进行瓦斯浓度、压力、流量等的检测,预可和工可勘察阶段可参考标准大气状态下瓦斯爆炸浓度范围(5%~16%)进行瓦斯等级的初步定性判断,低于爆炸下限可初判为低瓦斯隧道,达到或超过爆炸范围可初判为高瓦斯隧道;定量评价时应计算隧道开挖过程中绝对瓦斯涌出量,油页岩地区可测定岩石的有机碳含量,推算瓦斯含量;天然气地区可根据岩石孔隙、天然气压力、瓦斯压缩系数计算游离瓦斯含量。

4.4 预 可 勘 察

4.4.1 预可勘察应了解公路隧道所处区域范围内的工程地质条件、煤系地层分布、煤矿开采、石油天然气开采情况,定性分析是否为瓦斯隧道,概略划分瓦斯地层类别,依据瓦斯分布范围论证路线方案的可行性,为编制预可行性研究报告提供基础资料。

4.4.2 预可勘察应采用资料收集、地质调绘等手段,按本规范第4.3.1条进行瓦斯隧道评估。

【释义】

预可行性研究是公路建设项目前期工作的重要组成部分,是建设项目立项和决策的重要依据。在预可行性研究阶段,对隧道建设区域的工程地质条件更侧重于宏观地质条件的把握。从工程实践来看,主要采用资料收集、地质调绘等手段,一般不进行物探和钻探,对隧道所处路线走廊或通道的工程地质条件进行研究,为隧道绕避或以较短距离穿越瓦斯地层提供宏观地质资料。

4.5 工可勘察

4.5.1 工可勘察应初步查明公路隧道建设范围内的地质条件、煤系地层分布、是否存在非煤层瓦斯积聚区、是否存在非煤层瓦斯出露情况,初步分析煤系地层、非煤系瓦斯地层分布,以及瓦斯储存和分布与隧道的关系,定性判断是否为瓦斯隧道,划分瓦斯地层类别,依据工程地质条件论证路线方案的可行性与合理性,为编制工程可行性研究报告提供基础资料。

4.5.2 工可勘察应以收集资料和地质调绘为主,必要时辅以大比例尺航卫片解译。

4.5.3 工可勘察可按本规范第4.3.1条进行瓦斯隧道评估,对于评估为高瓦斯、煤(岩)与瓦斯突出的隧道,可进行少量钻探、测试、试验工作。

【释义】

工程可行性研究阶段瓦斯隧道勘察范围较广,工作内容主要为通过收集资料和地质调绘、访问等手段定性判断各走廊范围内是否存在瓦斯地层隧道和非煤系地层瓦斯隧道,初步定性判断瓦斯隧道等级和影响长度。针对路线方案及工程造价影响较大的高瓦斯、煤(岩)与瓦斯突出的隧道可少量布设勘探、测试、试验工作,勘察方法应在资料收集和地质调绘的基础上确定。

4.6 初步勘察

4.6.1 初步勘察应在工可勘察的基础上,结合隧道的建设规模、标准和方案比选,确定勘察的范围、内容和重点。应采用资料收集、地质调绘、物探、钻探、测试、试验等手段基本查明下列内容:

1 隧道通过的地质构造、地层种类及含煤地层的分布,煤层数及顶底板特征和位置,煤层厚度及产状、变化特征,隧道穿煤里程及长度;

2 煤层特征、煤质特征和瓦斯含量及相关参数;

3 隧道的瓦斯成分、来源;

4 煤的自燃倾向性及煤尘爆炸性;

5 瓦斯地层和瓦斯工区类别。

4.6.2 隧道穿越油气田、含油气构造或下伏地层有煤层分布时,经分析为非煤系地层瓦斯隧道的,应实施钻孔并在钻孔内封闭测试瓦斯浓度、压力、流量。评价范围应满足路线布设的需要。

4.6.3 地质调绘应符合本规范第 4.2.3 条的有关规定,应重点调绘煤与瓦斯段岩性及其组合特征,地下水的补、径、排条件以及地下水与瓦斯的相互关系。

4.6.4 物探方法应根据地质构造、岩性、隧道埋深、采空区等特征要素,结合项目区地形地貌条件,按本规范表 4.2.4 选用,主要探测断层、褶皱、富水段、岩性变化、采空区等物性异常区。每座隧道宜布置不少于 1 条纵向物探测线,隧道轴线与岩层走向小角度交叉时宜布置不小于 2 条横向物探测线。

4.6.5 钻探及测试试验工作除应符合本规范第 4.2.5~4.2.8 条的有关规定外,尚应符合下列规定:

1 钻探孔位除应按现行《公路工程地质勘察规范》(JTG C20)中隧道初步勘察要求进行布置外,尚应根据本规范第 4.2.5 条的有关规定布置 1~2 个瓦斯勘察钻孔,针对性查明物探解译异常区、煤层分布及瓦斯来源。

2 钻孔内测定瓦斯浓度、压力,应采取煤样和气样进行有关测试与试验。

3 钻探过程中遇到煤层、瓦斯时,应进行观测和详细记录,并探明其位置、厚度,同时取样进行测试试验。

【释义】

初步勘察阶段瓦斯隧道勘察方法及工作量的确定应根据资料收集、地质调绘资料,进行针对性分析后选取和布置,包括物探方法的选取、钻孔的位置、数量和深度、取样测试试验工作等,勘察内容除满足《公路工程地质勘察规范》(JTG C20—2011)中隧道初步勘察要求外,尚需完成本规范第 4.6.1 条规定的瓦斯隧道勘察内容。

4.7 详细勘察

4.7.1 详细勘察应在初步勘察的基础上,查明煤层瓦斯分布范围、性质与特征,查明非煤系地层瓦斯隧道的地质构造,校核与修正隧道瓦斯地层和瓦斯工区类别,提供设计所需的基础资料,其内容应符合本规范第 4.6.1 条的有关规定,并应重点查明下列内容:

1 查明和解决初步勘察阶段未能查明的瓦斯地质问题,补充、校对初步勘察的瓦斯地质资料;

2 提供设计所需的煤层瓦斯地质定量指标、防治措施建议及注意事项;

3 校核评价煤层自燃倾向性和煤尘爆炸性,提出针对性防治措施建议。

4.7.2 详细勘察除应符合本规范第 **4.2** 节的有关规定外,尚应符合下列规定:

    1 应在资料收集、地质调绘的基础上,采用以钻探、测试、试验为主的勘察方法。

    2 应对初步勘察地质调绘资料进行核实。当隧道偏离初步设计位置及地质条件需进一步查明时,应补充工程地质调绘。

    3 勘探测试点应在初步勘察的基础上,根据现场地形地质条件、水文地质、工程地质的评价要求进行加密,复核初步勘察关于地质调绘、物探、钻探、测试的资料,有条件时应进行煤矿、井下巷道内取样及测试、试验工作。

    4 钻孔内物探宜采用综合测井、孔内电视等方法,对揭露的煤层、赋存构造等进行二次解译。

【释义】

    详细勘察阶段是通过调绘、物探、钻探、测试等手段,对初步勘察发现的物探异常区或关键性参数进行验证性复查,以对初步勘察阶段成果进行验证或确认。

    初步勘察至详细勘察阶段之间一般会有较长时间的间隔,初步勘察阶段收集的煤矿、油气田资料可能会有更新,应注意重新收集并分析利用。

4.8 资料要求

4.8.1 文字说明应包括下列内容:

    1 预可勘察、工可勘察应明确是否为瓦斯隧道,初步确定瓦斯地层类别,并阐述煤系地层的工程地质条件、隧道路线方案比选意见及下阶段地质勘察工作建议。

2 初步勘察应以专篇阐述隧道工程地质条件及瓦斯地层情况,煤层顶底板特征,影响瓦斯的地质条件,控制煤(岩)与瓦斯突出的地质因素,主要瓦斯参数、瓦斯涌出量预测、煤(岩)与瓦斯突出、煤层自燃倾向性和煤尘爆炸性评价等,明确隧道瓦斯地层类别、划分瓦斯地层类别,提出工程措施及详细勘察工作的建议等。

3 详细勘察应在初步勘察基础上,补充实施勘察工作后,校对初步勘察成果。资料要求应参照初步勘察的要求。

【释义】

瓦斯隧道勘察报告编制时,可分煤系地层和非煤系地层瓦斯隧道进行编制。

(1)对于煤系地层瓦斯隧道,勘察报告内容主要包括:隧道工程地质条件及瓦斯地层情况,相邻煤矿开采情况,煤层顶、底板特征,影响瓦斯的地质条件,控制煤(岩)与瓦斯突出的地质因素;煤层的主要物理及工业成分,如颜色、光泽、水分、挥发分、全硫等;说明瓦斯等气体测试试验参数情况、瓦斯涌出量预测、煤(岩)与瓦斯突出、煤层自燃倾向性和煤尘爆炸危险性评价等;明确隧道瓦斯类别、划分瓦斯地层类别,提出工程措施及详细勘察工作的建议等。

(2)对于非煤系地层瓦斯隧道,勘察报告中还需说明气源分析、圈闭条件、天然气储气条件、天然气封盖和遮挡条件、天然气压力及含量计算、隧道内各区段瓦斯等级评估,以及建议施工措施等,具体报告编制时可根据炭质岩区、油气田区等隧道的不同地质条件差异对上述内容进行适当调整。

4.8.2 图表资料应包括下列内容:

1 预可、工可勘察:

1)全线工程地质平、纵面图(1:50 000~1:200 000)。图中应标明煤系地层及其他含瓦斯地层的分布位置。

2）隧道工程地质平、纵面图（1∶5 000～1∶10 000）。图中地层应划分至组或段，并标明煤层及采空区的空间位置。

2　初步勘察：

1）隧道1∶2 000～1∶10 000工程地质平面图。图中应标明煤层、矿井及采空区的分布范围。

2）隧道1∶2 000～1∶10 000工程地质纵断面图。图中应填绘煤层和矿井的空间分布位置、采空区分布，以及有关测试参数等。

3）采空区及瓦斯突出煤（岩）层等段落应附1∶200～1∶500工程地质纵断面图和横断面图。

4）1∶50～1∶200钻孔柱状图。

5）物探解译成果资料。

6）资料收集、地质调绘、勘探测试的附图、附表和照片等。

3　详细勘察：在初步勘察基础上，实施详细勘察工作后，应补充、校对初步勘察的瓦斯图表资料。资料要求应参照初步勘察的要求。

【释义】

瓦斯隧道地质勘察报告编写前，需对收集的资料、地质调绘资料以及物探、钻探、测试、专题等基础资料进行归纳、整理、分析、确认，然后进行报告的综合编制工作，注意对各项资料的综合分析工作，特别需要注意，各种资料在评价瓦斯隧道类别时，可能会出现不一致的情况，需要综合分析出现此类问题的原因，进一步核实资料的准确性和各种计算的合理性，经综合评价后给出明确的瓦斯地层类别等勘察结论。

5 设　　计

5.1 一　般　规　定

5.1.1 瓦斯地层段衬砌结构防护等级应按表5.1.1确定。

表5.1.1　瓦斯地层段衬砌结构防护等级

衬砌结构防护等级	瓦斯压力 p(MPa)	瓦斯地层类别
一	≥0.74	煤(岩)与瓦斯突出
二	0.20≤p<0.74	高瓦斯
三	<0.20	低瓦斯

注：当瓦斯压力与瓦斯地层类别不一致时，应取较高者。

【释义】

地层中的瓦斯主要通过瓦斯压力与隧道内大气压(常规大气压约为0.1MPa)压差渗透进入隧道，瓦斯渗入量主要与煤层(或地层)中瓦斯含量、压差(即瓦斯压力和隧道内大气压力之差)以及结构本体结构渗透性有关。一般采用渗透系数法确定瓦斯的渗入量，即根据简化Darcy(达西)公式计算：

$$K = \frac{2bP_2\gamma_A}{P_1^2 - P_2^2} \times \frac{Q}{A} \Rightarrow Q = \frac{KA(P_1^2 - P_2^2)}{2bP_2\gamma_A} \tag{5-1}$$

式中：K——透气系数(m/s)；

P_1——封闭后地层瓦斯气压(MPa)；

P_2——大气压力(MPa)；

Q——单位时间透气量(m³/s)；

A——透气面积(m²)；其中 $A = LS$；

L——隧道穿越瓦斯地段长度(m)；

S——隧道断面周长(m)；

γ_A——瓦斯密度(kg/m^3)；

b——试件厚度(m)。

通过瓦斯渗透性计算分析认为：当瓦斯压力为0.2MPa时，隧道穿越瓦斯地段长度达到50m时，其20min瓦斯渗入量可达到0.01m^3左右，即有可能造成瓦斯积聚(隧道内任一体积大于0.5m^3的空间内积聚的瓦斯浓度达到2.0%即为瓦斯积聚)；当含瓦斯地层瓦斯压力达到或超过0.74MPa时，有瓦斯突出的危险，同时由于瓦斯压力大，渗入隧道的瓦斯量也大，因此根据地层中的瓦斯压力可把含瓦斯地层衬砌设防等级划分为三级防护。

煤层(或地层)中瓦斯含量越大，其进入隧道内的瓦斯量也较大，《铁路瓦斯隧道技术规范》采用"吨煤瓦斯含量"指标确定衬砌结构防护等级，但非煤瓦斯地层"吨煤瓦斯含量"无法测定，瓦斯地层类别采用绝对瓦斯涌出量指标，瓦斯含量(包括吨煤瓦斯含量)是计算绝对瓦斯涌出量的重要指标之一，采用瓦斯地层类别就包含了瓦斯含量这一指标因素。鉴于此，本规范用瓦斯地层类别代替瓦斯含量指标，同时更具有可操作性。

5.1.2 衬砌结构防护等级较高地段应向等级较低地段延伸进行设防，延伸长度不应小于50m。

【释义】

瓦斯具有在隧道衬砌后沿不同材料界面、围岩裂隙由压力高地段向压力低地段纵向渗透运移的特性，故隧道内瓦斯设防段应由措施较强设防段应向措施较弱设防段适当延伸。延伸长度根据围岩松散程度和裂隙发育情况、岩层产状等因素确定。瓦斯压力愈大、煤层愈厚、倾角愈小、岩层透气性愈高，则延伸长度也应愈长。

本条参照《公路隧道设计规范 第一册 土建工程》(JTG 3370.1—2018)第14.6.2条规定，其要求的延伸距离不应小于20m略偏小，本规定从地质勘察精度误差及安全角度，结合近年来公路瓦斯隧道设计、施工经验,适当增大最小延伸长度不应小于50m。隧道断面较大、围岩破碎、节理裂隙发育、岩层倾角较缓时,需适当加大延伸长度。

5.1.3 微瓦斯地层段衬砌结构可按非瓦斯地层段衬砌结构进行设计。

【释义】

根据近年来公路瓦斯隧道设计、施工经验,微瓦斯地层主要穿越含炭质或含煤线、薄煤层地层,其瓦斯涌出量较少,瓦斯压力较低时按非瓦斯段衬砌结构进行设计(衬砌结构包括初期支护、防水层、二次衬砌等),能够保证隧道结构及运营安全;但当微瓦斯地层瓦斯压力较高时,需根据表5.1.1要求,按相应的瓦斯压力指标确定瓦斯地层段衬砌结构防护等级。

5.1.4 瓦斯地层段衬砌结构应采用复合式衬砌。

【释义】

隧道衬砌结构支护类型主要包括喷锚衬砌、整体式衬砌和复合式衬砌。喷锚衬砌无二次衬砌,整体式衬砌无初期支护,两者均为单层结构,不利于防止瓦斯渗透。而复合式衬砌包括初期支护、二次衬砌及中间夹防水层(兼作瓦斯隔离层)组合,具有更好地封闭瓦斯效果,更有利于防止瓦斯渗透。

5.2 衬砌结构瓦斯防护措施

5.2.1 瓦斯地层段衬砌结构瓦斯防护措施宜根据衬砌结构防护等级按表5.2.1执行。

表5.2.1 瓦斯地层段衬砌结构防护措施

瓦斯地层段衬砌结构瓦斯防护措施	衬砌结构防护等级		
	一	二	三
围岩注浆	(+)		
喷射混凝土加强	+	+	+

表 5.2.1(续)

瓦斯地层段衬砌结构瓦斯防护措施	衬砌结构防护等级		
	一	二	三
防水层加厚	+	+	+
防水层全封闭	+	+	
抗渗混凝土	+	+	+
接缝防渗措施	+	+	(+)

注:"+"为采用,"(+)"为选用。

【释义】

本表根据公路隧道复合式衬砌构造组成,按照"形成封闭瓦斯的多道防线"的设计思路,提出相应组成单元防瓦斯渗透的措施,加强并充分发挥各组成单元的功能优势,其防瓦斯渗透的具体要求见本规范第5.2.2～5.2.8条分述。

根据本规范第5.1.3条的规定,微瓦斯地层段可不采用本节中规定的衬砌结构防瓦斯措施。

5.2.2 衬砌结构防护等级为一级的瓦斯地层段可选用围岩注浆措施封堵瓦斯。

【释义】

采取超前预注浆、开挖后注浆等多种方式对围岩注浆,有利于封闭节理裂隙形成围岩封堵圈,减少周边瓦斯向隧道运移、渗透,同时也可起到加固围岩形成稳定的衬砌工作环境的作用;对于突出煤(岩)层注浆,尚可提高煤(岩)体强度,降低突出风险或控制突出规模。考虑到围岩注浆施工工艺复杂、造价高且注浆后防瓦斯渗透效果不易现场评定等,本规范仅规定对防护等级为一级的瓦斯地层段,可选用该措施。在考虑防瓦斯的同时,尚需结合瓦斯地层围岩情况综合确定,如瓦斯地层围岩条件本身较好(如Ⅱ、Ⅲ级围岩),则注浆封堵瓦斯的意义不大。

5.2.3 衬砌结构防护等级为一级、二级瓦斯地层段的二次衬砌应采用带仰拱衬砌结构。

【释义】

衬砌结构防护等级为一级、二级瓦斯地层段瓦斯压力(或涌出量)大,设置仰拱后加大了隧道底部厚度,更有利于防止瓦斯渗透。考虑到造价和功能因素,仰拱形式及深度可根据具体情况合理设置,如Ⅰ~Ⅲ级围岩中的主洞,或断面较小的横通道等辅助通道,在仅考虑结构受力进行设计时,一般不带仰拱,但考虑到瓦斯设防,又不增加造价太多,可采用大半径的仰拱形式,减少开挖,主要起到防瓦斯渗漏的效果。

5.2.4 瓦斯地层段喷射混凝土的强度等级不应低于C25,厚度不应小于15cm。

【释义】

复合式衬砌的基本原理是允许初期支护随围岩变形而协调变形,若在以软弱围岩为主体的煤系地层,随着围岩变形加剧,混凝土会出现裂缝,裂缝将成为气体渗透的主要通道,喷射混凝土对瓦斯的封闭能力降低甚至丧失,故对喷射混凝土的透气系数不作要求。同时现场取样试验喷射混凝土透气性指标离散性较大,主要取决于现场施工采用喷射工艺、骨料级配和回弹量大小,但从喷射混凝土渗透性试验指标分析,总体上看 C20 喷射混凝土透气性系数一般大于 1.0×10^{-10} cm/s,C25 喷射混凝土透气性系数一般小于 1.0×10^{-10} cm/s,即喷射混凝土强度等级提高对其渗透性还是有一定的影响;因此本规范只对初期支护喷混凝土强度等级、厚度进行规定,不要求其透气性指标。

5 设 计

5.2.5 衬砌结构防护等级为一级、二级的瓦斯地层段防水板应全封闭，瓦斯地层段防水板厚度不宜小于 **1.5mm**。

【释义】

隧道初期支护与二次衬砌间设置的防水层是防止瓦斯渗透的措施之一，为加强隧道底部防瓦斯渗透，衬砌结构防护等级为一、二级的瓦斯地层段隧道底部(或仰拱)考虑设置防水层全封闭。《公路隧道设计规范 第一册 土建工程》(JTG 3370.1—2018)规定防水板厚度不小于1.0mm，根据相关研究测试，采用较厚的防水板，其改善衬砌结构封闭瓦斯的效果更为明显，从安全角度考虑建议防水板厚度不宜小于1.5mm。

5.2.6 瓦斯工区的防水卷材搭接宜采用冷粘法，瓦斯地层段防水卷材接缝搭接长度不应小于 **150mm**。

【释义】

隧道施工中防水卷材搭接是最常见的施工工序，瓦斯隧道中由于瓦斯易积聚在防水卷材背后，当采用热焊时易引起防水卷材燃烧，特别是瓦斯压力或涌出量大的地段更容易带来安全隐患，故提出冷粘法；但冷粘有时搭接效果不易控制和保证，所以用"宜"，如确需采用热焊时则按本规范第11.5.3条动火作业要求的规定执行。

《公路隧道设计规范 第一册 土建工程》(JTG 3370.1—2018)规定防水卷材接缝搭接长度不应小于100mm。本条基于瓦斯防治和安全的角度考虑，对最小搭接长度适当提高要求至150mm。

5.2.7 瓦斯地层段模筑混凝土的强度等级不应低于 **C30**，厚度不应小于 **40cm**。衬砌结构防护等级为一级、二级瓦斯地层段模筑混凝土抗渗等级不应小于 **P10**；衬砌结构防护等级为三级瓦斯地层段模筑混凝土抗渗等级不应小于 **P8**。

【释义】

通过混凝土透气性试验研究表明:在同一抗渗等级混凝土的渗水高度随强度等级提高而逐渐减少,混凝土抗渗等级随着抗压强度的提高而增加,相应的透气系数也随着强度的提高而减少,也就是说混凝土的抗透气性能越强。C20、C25 混凝土一般透气系数均大于 1.0×10^{-11} cm/s,C30 混凝土透气系数接近 1.0×10^{-11} cm/s,C40 混凝土透气系数均小于 1.0×10^{-11} cm/s。鉴于透气性系数现场检测难度大,本规范模筑混凝土防瓦斯渗透性能通过提高混凝土强度、抗渗等级进行控制。

经瓦斯渗透性计算分析,衬砌厚度不小于 40cm 时可达到一定的瓦斯封闭效果,同时参考《铁路瓦斯隧道技术规范》(TB 20120—2019)的规定,提出瓦斯地层段模筑混凝土厚度不应小于 40cm。

《公路隧道设计规范 第一册 土建工程》(JTG 3370.1—2018)规定混凝土抗渗等级不宜小于 P8,本规范衬砌结构防护等级三级为瓦斯设防最低档,因此规定模筑混凝土抗渗等级不应小于 P8,指标值与《公路隧道设计规范 第一册 土建工程》(JTG 3370.1—2018)相适应,用词"不应"出于瓦斯防治的安全考量,衬砌结构防护等级为一级、二级由于瓦斯压力或涌出量大,在防护等级为三级的基础上适当提高抗渗要求是必要的。

5.2.8 衬砌结构防护等级为一级、二级的衬砌结构二次衬砌接缝应设置不少于 2 道防渗措施。

【释义】

二次衬砌接缝(主要是施工缝、变形缝等)是瓦斯渗漏主要通道,一般接缝防渗措施主要有:膨胀止水条、膨胀止水胶、注浆管、中埋式止水带、背贴式止水带等。鉴于衬砌结构防护等级为一级、二级的瓦斯地层段瓦斯压力或涌出量大,因此要求接缝设置两道防渗措施,其防渗漏措施可参考表 5-1 选用。

5 设 计

表 5-1 接缝防渗漏措施选择表

接缝	施 工 缝				变 形 缝			
采用措施	遇水膨胀橡胶止水条	中埋式止水带	外贴式止水带	其他防水密封材料	中埋式止水带	遇水膨胀橡胶止水条	外贴式止水带	其他防水密封材料
	应选	选用一种			应选	选用一种		

5.2.9 衬砌结构防护等级为一级、二级的隧道地下水排水沟(管)应采取密封措施,并在洞口附近设置水气分离装置,分离的瓦斯采用管道引至洞外高处放散。

【释义】

保证隧道排水沟(管)的密封性主要目的是防止瓦斯渗透进隧道内。瓦斯隧道设置水气分离装置及排放方式主要有:

(1)在穿越含瓦斯地层两端的边墙纵向泄水管设置水气分离装置,该段落不设置横向泄水管,隧道拱顶设置纵向排气管,瓦斯气体由拱顶排气管排出洞外,该段落地下水通过边墙墙背泄水管排泄在设置水气分离装置后的非瓦斯地层排入中央排水管沟内,如图 5-1 所示。

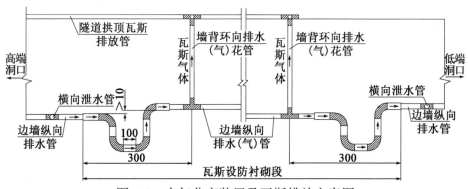

图 5-1 水气分离装置及瓦斯排放方案图

(2)隧道内设置两根中央排水管沟,一根在穿越含瓦斯地层段时排泄地下水及瓦斯,为水气混流管沟,在隧道出口附近设置水气分离装置高处排放瓦斯低处排放地下水;一根为穿越非瓦斯地段的排水管,管内无瓦斯。

(3)按常规设置中央排水管沟,边墙泄水管同时排泄瓦斯及地下水进入中央排水管沟,中央排水管为水气混流管,在隧道出口附近设置水气分离装置,高处排放瓦斯低处排放地下水。

方式(1)和方式(2)施工较复杂且对于施工过程中衬砌结构防护等级变更影响较大,因此本规范推荐采用方式(3)。

5.2.10 从隧道内引出瓦斯的排放管,其上端管口应高出隧道拱顶不小于3m,其20m内严禁有明火火源及易燃易爆物品。采用金属排放管时应妥善接地。

【释义】

《煤矿瓦斯抽放规范》(AQ 1027—2006)第5.5.5条规定"放空管管口要高出泵房房顶3m以上",《工业企业煤气安全规程》(GB 6222—2005)中的放散管安装在煤气总管上,为事故超压自动排放装置,规定"放散管口应高出煤气管道、设备和走台4m,离地面不小于10m",同时规定"煤气输送主管管底距地面净距不宜低于6m"。上述规范均未考虑排放的有害气体对既有构筑物与工作人员的安全影响,而公路隧道洞外的瓦斯排放管更应考虑放空管的安全影响,故采用高出隧道拱顶不小于3m的规定。同时为防止雷击起火,引出洞外的排瓦斯金属管道需有接地等防雷击措施。

5.3 运营通风与瓦斯监测

5.3.1 瓦斯隧道交(竣)工验收时,隧道内任一处瓦斯浓度不应大于0.25%。

【释义】

《铁路瓦斯隧道技术规范》(TB 10120—2019)第14.0.4条规定:"瓦斯隧道竣工验收时,在拱顶以下25cm处的空气中瓦斯浓度不得大于

0.5%"。鉴于瓦斯隧道交(竣)工验收时已经施作完成全部支护结构,瓦斯渗透进入隧道量少,并且与铁路隧道不同,公路隧道运营期更多地考虑司乘人员对空气的安全舒适需求,需要在铁路隧道的基础上有所提高,故规定交(竣)工验收时参照微瓦斯工区浓度指标 0.25%确定。隧道内任一处包括:隧道主洞、辅助通道、横通道、预留洞室、电缆沟等。

5.3.2 瓦斯隧道运营期间应采用人工检测,检测频率不低于 **1** 次/月,并做好记录。衬砌结构防护等级为一级的瓦斯隧道,运营期间宜设置瓦斯自动监测系统。自动监测系统应具有瓦斯超限报警,运营通风机应具有自动控制和手动控制功能。

【释义】

从国内已建成的瓦斯隧道看,多数隧道运营期未进行瓦斯检测,也未有运营瓦斯隧道发生瓦斯事故的案例或报道,本条规定瓦斯隧道运营期间应进行人工检测瓦斯,并对检测频率提出要求,目的是在运维成本增加有限的条件下,能进一步保证隧道运营安全,防患于未然。检测频率不低于 1 次/月,针对防护等级为一级的瓦斯隧道因其瓦斯压力大或涌出量大,规定宜设置瓦斯自动监测系统。

5.3.3 瓦斯隧道运营期间,瓦斯检测与监测断面在瓦斯地层段宜按 **100m** 间距布置。在两端洞口附近、人字坡隧道变坡点、紧急停车带、横通道等区域应布置瓦斯检测与监测断面。

【释义】

瓦斯隧道运营期瓦斯检测与监测重点是在瓦斯地层地段以及洞口、变坡点处、紧急停车带、横通道等瓦斯易积聚地点,其检测频率、方法按本规范第 5.3.2 条规定执行。

5.3.4 瓦斯检测位置应位于隧道断面中部拱顶下 **25cm** 处。设置自动监测系统应能抗强电磁干扰,探头的安装应便于定时检查维修。

【释义】

参考《煤矿安全监控系统及检测仪器使用管理规范》(AQ 1029—2019)第6.1.1条规定:"甲烷传感器垂直悬挂,距顶板(顶梁、屋顶)不得大于300mm,距巷道侧壁(墙壁)不得小于200mm,并应安装维护方便,不影响行人和行车"。本条取中值25cm。

5.3.5 瓦斯隧道地下排水系统、电缆沟、横通道门等检修工作应杜绝火源。检修空间内任一处瓦斯浓度不得大于0.5%。检修前,必须先进行瓦斯检测,待确认安全后方可进行检修。检修时应随时检测瓦斯,当瓦斯浓度超限时应采用局部通风设备通风稀释至安全范围。

【释义】

地下排水系统、电缆沟、横通道等是隧道运营期间的通风死角,也是瓦斯容易积聚的地方,杜绝火源是切断瓦斯风险源的关键措施;瓦斯浓度0.5%是瓦斯燃烧的低限值,先进行瓦斯检测和处理,确认安全后再进行检修是为了避免盲目进入检修区造成瓦斯事故,地下排水系统、电缆沟、横通道等空间相对封闭,因此检修过程中需要随时检测瓦斯,避免意外。

5.3.6 瓦斯隧道运营期间,通风需风量计算除应按正常通风考虑工况之外,尚应考虑防止瓦斯积聚的工况。防止瓦斯积聚的风速不应小于1.0m/s。

【释义】

隧道运营期间通风除了根据《公路隧道通风设计细则》(JTG/T D70/2-02—2014)按正常通风考虑工况进行需风量计算外,还需考虑防止瓦斯积聚的工况。

经调研有资料载明"风速在0.3m/s时,甲烷会从发生点反流形成甲烷带;当风速为0.5m/s时,甲烷几乎不会发生反流,但也会形成甲烷带;

风速大于1m/s时,甲烷散乱,不会形成甲烷带,不会在上部聚积"。同时参考《煤矿安全规程》(2016年版)第一百三十六条规定"架线电机车巷道容许最低风速为1m/s"而提出本条。

5.3.7 瓦斯隧道运营期间应根据瓦斯浓度监测值进行通风管理,当隧道内瓦斯浓度大于或等于**0.25%**且小于**0.5%**时应开启风机;当隧道内瓦斯浓度大于或等于**0.5%**时应禁止通行,同时开启全部风机,查明原因并进行处理。

【释义】

瓦斯浓度0.25%是微瓦斯工区控制浓度上限,瓦斯浓度0.5%是瓦斯燃烧的低限值,因此瓦斯隧道运营通风管理按瓦斯浓度值0.25%和0.5%分档管控。

5.3.8 衬砌结构防护等级为一级的瓦斯隧道内横通道、地下变电所、地下风机房等洞室宜设置瓦斯自动监测系统及换气设施。当洞室内瓦斯浓度大于或等于**0.25%**时应开启换气设施;人员进入洞室前应先打开换气设施并检测瓦斯浓度,确认安全后方可进入。

【释义】

衬砌结构防护等级为一级的瓦斯隧道因其瓦斯压力大或涌出量大,横通道、地下变电所、地下风机房等处所瓦斯容易积聚,因此制定本条规定。除衬砌结构防护等级为一级的瓦斯隧道外,其他瓦斯隧道应采用人工检测瓦斯,即应满足本规范第5.3.2条的规定:"瓦斯隧道运营期间应采用人工检测,检测频率不低于1次/月,并做好记录"。

5.4 辅助通道

5.4.1 瓦斯隧道辅助通道的设置,应根据隧道规模、瓦斯工区类别及瓦斯工区长度,并结合施工通风需要等,综合研究确定。

【释义】

公路隧道辅助通道的设置主要基于运营通风、辅助施工以及运营救灾的需要,瓦斯隧道辅助通道的设置除满足上述要求外,还需考虑瓦斯隧道施工通风要求高的特点,即需满足本规范第5.4.2条、第7.2.2条的要求,综合研究确定辅助通道的设置。

5.4.2 单洞双向通行隧道高瓦斯工区或煤(岩)与瓦斯突出工区,独头掘进长度大于1 500m时宜设置通风辅助通道。

【释义】

瓦斯隧道的施工通风是确保施工安全的重要措施,但长距离通风直接影响通风效果,本规范第7.2.2条规定:"高瓦斯工区和煤(岩)与瓦斯突出工区通风长度大于1 500m时宜采用巷道式通风"。高速公路和一级公路隧道通常采用左右幅分离式隧道形式,利用左右幅隧道自然能实现巷道式通风的要求,而单洞双向通行的二级及二级以下公路隧道往往需要通过设置辅助通道来实现巷道式通风,若隧道根据运营通风和防灾救援需要设置了辅助通道,则可酌情考虑兼作高瓦斯工区或煤(岩)与瓦斯突出工区通风辅助通道,实现巷道式通风。

5.4.3 辅助通道瓦斯工区的安全技术措施应与主洞一致。

【释义】

为保证辅助通道施工安全,辅助通道瓦斯工区施工超前地质预报、钻爆作业以及配置的电气设备、作业机械、施工通风、瓦斯检测和监测等方面的安全技术措施要求与主洞一致。

5.4.4 运营期间使用的辅助通道应设置永久支护,其穿越瓦斯地层段的衬砌结构瓦斯防护措施应与主洞一致。

【释义】

根据《公路隧道设计规范 第一册 土建工程》(JTG 3370.1—2018)第12.1.5条规定:"运营辅助通道应按永久建筑物设计"。因此,本条规定运营期使用的辅助通道穿越瓦斯地层段的衬砌结构与主洞一致,按本章第5.2节规定执行。

5.4.5 竣工后废弃的辅助通道,洞口及交叉口均应设置封堵墙,封堵墙厚度不应小于5m,穿越瓦斯地层段宜采用洞渣回填。

【释义】

为防止辅助坑道中的瓦斯扩散到正洞及洞外发生事故,故规定对废弃的辅助坑道进行封堵。《高速铁路隧道工程施工技术规程》(Q/CR 9604—2015)第16.1.6条规定:"封闭辅助坑道应符合设计要求,设计无要求时洞口封闭长度宜为3~5m,洞底封堵长度不宜小于2m"。本规范考虑瓦斯封堵效果,故提出封堵厚度要求为不小于5m,同时对含瓦斯地段采取封堵措施,以防止瓦斯段落的塌方导致瓦斯大量逸出影响安全。

5.4.6 高瓦斯地层、煤(岩)与瓦斯突出地层段不应设置地下风机房。

【释义】

地下风机房是瓦斯容易积聚的处所,且风机房内安装的电气设备多,高瓦斯地层、煤(岩)与瓦斯突出地层段瓦斯涌出量大,容易造成瓦斯积聚,运营维护压力大,安全风险高,为安全考虑制定本条规定。

6 超前地质预报

6.1 一般规定

6.1.1 瓦斯地层段超前地质预报应根据瓦斯地层类别选择预测预报方法,主要方法包括地质调查、地质素描、物探、超前钻探和试验检测等。

【释义】

与一般隧道一样,为掌握掌子面前方的瓦斯及其他地质信息,需要采取针对性超前地质预报方法。根据瓦斯的特性,物探方法探测瓦斯效果不太理想,特别强调将超前钻探纳入瓦斯隧道设计与施工中,且规定了炮眼钻孔加深和超前水平钻孔两种超前钻探方式,炮眼钻孔加深在开挖钻孔每循环进行,而超前水平钻孔深度一般在50m以上。

6.1.2 瓦斯地层段必须实施超前地质预报,校核隧道穿越瓦斯地层段落、采空区与隧道的空间位置,以及瓦斯工区类别。

【释义】

超前地质预报是保证隧道施工安全的重要环节和重要技术手段,瓦斯地层段施工风险高,勘察设计阶段受各种因素的影响,往往难以准确地标定煤层和采空区位置、煤层瓦斯参数,通过施工过程中工作面的超前地质预报工作获得的信息、参数更真实可靠,因此强调必须实施超前地质预报。预测预报的重点包括校核隧道穿越瓦斯地层段落、煤层和采空区与隧道的空间位置关系及瓦斯工区类别,以更好地指导瓦斯隧道安全施工。

6.1.3 瓦斯地层段超前地质预报应全程进行瓦斯检测,检测工作面及回风流中的瓦斯浓度。超前钻孔宜进行单工序作业。

【释义】

此条是对超前预报工作的安全性规定。一是要求超前预报工作应确保在允许瓦斯浓度条件下实施,强调全程瓦斯检测的重要性;二是超前钻探将直接揭露掌子面前方瓦斯,钻孔过程中可能发生瓦斯突出、瓦斯异常涌出情况,防止超前钻孔瓦斯异常涌出造成灾害,所以规定了单工序作业要求。

6.2 地质调查与地质素描

6.2.1 瓦斯隧道施工前应进行地质调查,内容主要包括:
1 对地质勘察成果的熟悉、核查和再次确认;
2 瓦斯地层及地质构造在地表的出露位置、厚度及产状变化;
3 采煤巷道走向、展布、高程及其在空间上与隧道的关系。

6.2.2 微瓦斯、低瓦斯地层段隧道内掌子面地质素描断面间距不宜大于5m,高瓦斯、煤(岩)与瓦斯突出地层段每个开挖循环均应进行地质素描。

【释义】

瓦斯隧道施工前,在熟悉勘察设计文件的基础上,通过地表调查、煤层巷道调查等调查工作进行复查和确认,核查是否存在勘察设计资料中没有发现和新出现的地质问题,明确隧道施工的重、难点问题和区段,为合理编制施工组织计划,保证隧道施工安全提供依据。隧道施工时掌子面地质调查断面间距系参考《公路隧道施工技术规范》(JTG F60—2009),并结合瓦斯地层类别作此规定。微瓦斯、低瓦斯地层段较非瓦斯地层更为重视,规定掌子面地质素描断面间距不宜大于5m。高瓦斯、煤(岩)与瓦斯突出地层段视为复杂重点地段,规定每个开挖循环均应作地质素描。

6.3 物 探

6.3.1 瓦斯地层物探宜采用长距离物探和短距离物探相结合的方式,主要包括地质雷达法、弹性波反射法、瞬变电磁法等。

【释义】

　　隧道内常用的物探方法包括地质雷达法、弹性波反射法、瞬变电磁法等,主要探测断层、褶皱、富水段、岩性变化、采空区、老窑积水等具备物性差异,且容易聚集瓦斯气体、水体的部位。其中地质雷达法利用电磁波进行探测,有效预报距离一般在30m以内,常用于短距离物探;弹性波反射法以地震波反射法(TSP)为主,利用人工激发的地震波进行探测,有效预报距离100～200m,常用于长距离物探。瞬变电磁法是利用电场和电磁场的分布规律进行探测,低阻异常响应好,常用于地下水探测。瓦斯地层至少实施一个超前钻孔,钻孔长不小于50m,一般能掌握前方掌子面地质情况。当遇到复杂瓦斯地层需要采用物探预测预报时,为了提高物探的准确性,建议采用长距离物探和短距离物探相结合的方式。

6.3.2 距煤层、采空区 **50～100m** 时,应采用不少于两种物探方法,初步查明煤层、采空区位置以及与隧道的空间关系。

【释义】

　　煤层、采空区段隧道施工风险高,因此要求距50～100m时初步查明煤层、采空区位置以及与隧道的空间关系。不同的物探方法均需具备一定的应用条件,根据煤层、采空区与相邻介质的不同物性差异选择两种或者两种以上有效的物探方法,通过综合物探可利用探测对象的多种物性特征研究其空间形态,相互补充、相互印证可以减少物探的多解性,取得好的物探效果。

6.4　超前钻探

6.4.1　瓦斯地层段施工前,应实施超前钻探,查明煤层、采空区、断层等的规模、形态,以及与隧道的空间位置关系。

【释义】

未查明煤层、采空区、断层等规模形态以及与隧道的空间位置关系情况下盲目施工风险高,极有可能导致瓦斯事故发生,超前钻探是开展以上工作最有效和最直接的超前探测手段,为采取针对性技术措施提供基础资料。

6.4.2 高瓦斯、煤(岩)与瓦斯突出地层段超前钻孔不应少于 3 个;微瓦斯、低瓦斯地层段超前钻孔可布置 1~3 个。钻进方向宜与煤层层面大角度相交。

【释义】

高瓦斯及煤(岩)与瓦斯突出地层段,其瓦斯涌出量大,施工风险更高,规定超前钻孔不应少于 3 个,分别布置在掌子面的上部和左右侧,基本能反映掌子面前方的瓦斯地层赋存情况,大跨度隧道可增加超前钻孔数量。微瓦斯、低瓦斯地层规定至少布置 1 个掌子面中部的超前钻孔。钻进方向与煤层层面大角度相交可以更准确探测煤层厚度、与工作面垂距等信息。

6.4.3 超前钻探煤层时,应在距煤层垂距 20m 的位置进行初探,钻孔数不应少于 1 个。在距煤层垂距 10m 的位置再次探测,钻孔数不应少于 3 个,其中 1 个孔采用取芯钻进并进行地质编录,对钻孔内瓦斯浓度、瓦斯流量、瓦斯压力进行检测,必要时对煤样进行试验。

【释义】

参照《煤矿安全规程》(2016 年版)第二百一十四条及《防治煤与瓦斯突出细则》(2019 年),我国多次出现由于情况不明误揭煤层从而发生重大瓦斯事故,因此需要超前钻孔控制煤层层位,掌握煤层的赋存情况、地质构造情况和瓦斯情况。考虑到勘察资料存在一定的误差,需要留设一定安全距离,因此规定距离煤层垂距 20m 的位置布置不小于 1 个初探钻孔,以核实原勘察资料和确定再次探测的位置。再次探测在距煤层垂距 10m 的位置处实施,规定了不少于 3 个超前钻孔,其中 1 个孔是求取芯并测试地质、瓦斯情况,是为准确掌握煤层位置及煤层瓦斯情况。

瓦斯流量测试使用满足煤矿井下安全要求的流量计。

《煤矿安全规程》(2016 年版)第二百一十四条规定：

"井巷揭穿(开)突出煤层必须遵守下列规定：

（一）在工作面距煤层法向距离 10m（地质构造复杂、岩石破碎的区域 20m）之外,至少施工 2 个前探钻孔,掌握煤层赋存条件、地质构造、瓦斯情况等。

（二）从工作面距煤层法向距离大于 5m 处开始,直至揭穿煤层全过程都应当采取局部综合防突措施。

（三）揭煤工作面距煤层法向距离 2m 至进入顶(底)板 2m 的范围,均应当采用远距离爆破掘进工艺。

（四）厚度小于 0.3m 的突出煤层,在满足（一）的条件下可直接采用远距离爆破掘进工艺揭穿。

（五）禁止使用震动爆破揭穿突出煤层。"

6.4.4 超前钻孔应符合下列规定：

1 应采用湿式钻孔,不得干钻,揭煤防突应使用防爆钻机。

2 钻孔直径不宜小于 65mm,取芯钻孔直径不宜小于 76mm,钻孔深度不宜小于 50m,前后两循环钻孔水平搭接长度不宜小于 5m。

3 钻孔过程中应观察记录孔口瓦斯浓度、排出的浆液、煤屑变化情况、喷孔和顶钻等信息。

4 每个超前钻孔结束后均应及时整理钻孔原始记录表和成果图。

【释义】

此条是对超前钻孔的具体要求,瓦斯超前钻孔布置可参照图 6-1。采用湿式钻孔是为避免钻进过程中摩擦热量引燃煤层瓦斯,同时可以降低掘进过程中的粉尘。对钻孔直径、深度及搭接长度的要求,一方面是基于安全考虑,另一方面是为提高钻孔速度。钻孔过程中的观察记录是为初步判定突出危险。

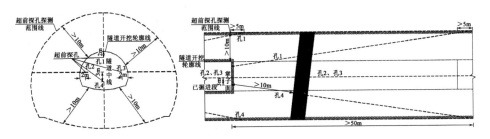

图 6-1 瓦斯超前钻孔布置图

6.4.5 超前钻孔过程中出现瓦斯动力现象时,应按本规范第 **10** 章的有关规定进行超前探测和突出危险性预测。

6.4.6 瓦斯地层每循环开挖应加深炮眼孔探测瓦斯,加深长度不应小于 **2m**,加深钻孔数量拱部不应少于 **5** 个、下部不应少于 **3** 个。

【释义】

加深炮孔探测是利用风钻或凿岩台车等在隧道开挖工作面钻小孔径浅孔获取地质信息的一种方法,如图 6-2 所示。加深炮孔探测是地质超前钻探的一种重要补充,与地质超前钻探相比,具有设备移动灵活、操作方便、费用低、占用隧道施工时间短的特点,可与爆破孔同时施作。

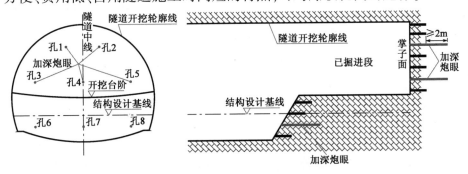

图 6-2 炮眼加深布置示意图

瓦斯地层受沉积环境、地质构造作用,赋存状态变化多样,在超前钻孔基础上增加利用加深部分炮眼,通常由瓦检员探测是否存在瓦斯及异常情况,获取隧道开挖工作面前方加深范围内的瓦斯信息,一旦发现异常,需要进一步查明情况,消除隐患后才可进行钻爆作业。每循环孔数量可根据隧道开挖断面大小适当调整,三车道及以上隧道可适当增加数量。

7 施工通风、瓦斯检测与监测

7.1 一般规定

7.1.1 瓦斯隧道应建立施工通风监控系统,设置专职人员测定风速、风量等参数。

【释义】

施工通风是控制洞内瓦斯浓度、确保施工安全的根本手段,通过施工通风及时稀释和降低隧道内瓦斯浓度,是避免出现通风盲区和瓦斯灾害事故发生的基础,本条是针对瓦斯隧道施工通风的基本规定。

施工通风监控系统主要由自动监控系统、实时视频及人工巡检等构成,目的是确保施工通风状况良好、通风风量和风速满足通风要求。考虑到风速、风量的测定需要技术人员有一定的技术储备,同时为保证管理可控有效,因此要求设置专职人员进行通风系统管理和现场通风参数测定。

7.1.2 瓦斯工区应制订瓦斯检测方案,按检测频率要求开展瓦斯检测与记录工作。

【释义】

瓦斯检测与监测是防止瓦斯事故至关重要的措施,在瓦斯隧道施工中发挥着极为重要的作用。因此,瓦斯工区需制定完善的瓦斯检测方案,按照频率要求进行检测和记录,一旦瓦斯超限,立即采取处理措施。瓦斯工区的瓦斯检测方案内容通常包括瓦斯自动监控系统连续检测、作业地点悬挂便携式甲烷检测报警仪和人工检测,人工检测又包括瓦斯检测人员巡检和跟班作业瓦斯检测等。对瓦斯自动监控系统和人工检测的检测位置、瓦斯浓度等应记录和填报。

《煤矿安全规程》(2016年版)第一百八十条规定：

"矿井必须建立甲烷、二氧化碳和其他有害气体检查制度，并遵守下列规定：

（一）矿长、矿总工程师、爆破工、采掘区队长、通风区队长、工程技术人员、班长、流动电钳工等下井时，必须携带便携式甲烷检测报警仪。瓦斯检查工必须携带便携式光学甲烷检测仪和便携式甲烷检测报警仪。安全监测工必须携带便携式甲烷检测报警仪。

（二）所有采掘工作面、硐室、使用中的机电设备的设置地点、有人员作业的地点都应当纳入检查范围。

（三）采掘工作面的甲烷浓度检查次数如下：

1. 低瓦斯矿井，每班至少2次；

2. 高瓦斯矿井，每班至少3次；

3. 突出煤层、有瓦斯喷出危险或者瓦斯涌出较大、变化异常的采掘工作面，必须有专人经常检查。

（四）采掘工作面二氧化碳浓度应当每班至少检查2次；有煤（岩）与二氧化碳突出危险或者二氧化碳涌出量较大、变化异常的采掘工作面，必须有专人经常检查二氧化碳浓度。对于未进行作业的采掘工作面，可能涌出或者积聚甲烷、二氧化碳的硐室和巷道，应当每班至少检查1次甲烷、二氧化碳浓度。

（五）瓦斯检查工必须执行瓦斯巡回检查制度和请示报告制度，并认真填写瓦斯检查班报。每次检查结果必须记入瓦斯检查班报手册和检查地点的记录牌上，并通知现场工作人员。甲烷浓度超过本规程规定时，瓦斯检查工有权责令现场人员停止工作，并撤到安全地点。

（六）在有自然发火危险的矿井，必须定期检查一氧化碳浓度、气体温度等变化情况。

（七）井下停风地点栅栏外风流中的甲烷浓度每天至少检查1次，密闭外的甲烷浓度每周至少检查1次。

(八)通风值班人员必须审阅瓦斯班报,掌握瓦斯变化情况,发现问题,及时处理,并向矿调度室汇报。

通风瓦斯日报必须送矿长、矿总工程师审阅,一矿多井的矿必须同时送井长、井技术负责人审阅。对重大的通风、瓦斯问题,应当制定措施,进行处理。"

7.1.3 瓦斯工区施工过程中宜根据现场瓦斯检测需要,按本规范附录G实测瓦斯浓度和通风量,计算绝对瓦斯涌出量,校核瓦斯工区类别。

【释义】

瓦斯隧道勘察难度大,在勘察设计阶段,由于技术手段限制,对瓦斯工区类别判断和实际情况可能会存在差异,因此有必要施工过程中根据现场情况,对瓦斯工区类别进行校核。若施工过程中,根据实测通风参数和瓦斯浓度记录初步判断设计确定的瓦斯工区类别和实际存在出入时,就需要进行瓦斯工区类别校核。结合瓦斯工区类别规定和各项安全措施技术指标要求,建议施工过程中瓦斯工区类别按照规范附录G给定的方法进行确定,这也是瓦斯隧道施工过程中通常采用的瓦斯工区类别确定的方法,算例见附件3。

7.1.4 微瓦斯工区隧道洞内通风风速不应小于 **0.15m/s**,低瓦斯工区隧道洞内通风风速不应小于 **0.25m/s**,高瓦斯工区和煤(岩)与瓦斯突出工区隧道洞内通风风速不应小于 **0.5m/s**。

【释义】

本规定主要参照《煤矿安全规程》(2016年版)第一百三十六条的规定,并综合考虑瓦斯工区类别的判定指标依据、瓦斯赋存特性、稀释瓦斯浓度需要和公路瓦斯隧道特点而规定的最低要求,通风风速通常是指隧道内回风流的断面平均风速。具体考虑为:

微瓦斯工区:微瓦斯地层通常为具有一定生烃能力的含炭质地层,瓦斯赋存量极少。微瓦斯工区可按照普通隧道施工,只是需要连续通风。因此参照《煤矿安全规程》(2016年版)第一百三十六条规定的掘进中岩巷0.15m/s、普通隧道施工通风风速为0.15m/s,以及对实际微瓦斯隧道施工调研的一些情况综合确定的0.15m/s的风速要求。

低瓦斯工区:低瓦斯地层通常为一些含薄层煤或鸡窝煤的地层,参照《煤矿安全规程》(2016年版)第一百三十六条规定的掘进中煤巷和半煤巷0.25m/s确定,并结合《铁路瓦斯隧道技术规范》(TB 10120—2019)规定的瓦斯工区内最小风速不应小于0.25m/s。通过对现场一些瓦斯隧道的调研,当洞内回风流速度达到0.25m/s时,可满足降低掌子面及回风流中瓦斯浓度的需要。

高瓦斯工区和煤(岩)与瓦斯突出工区:考虑到瓦斯逸出速度和绝对量较大,因此规定通风风速不应小于0.5m/s,主要是避免瓦斯出现层状积聚并将瓦斯带出洞外,同时也能满足稀释开挖工作面瓦斯浓度的要求。

参照《煤矿安全规程》(2016年版)第一百三十六条规定,井巷中的风流速度应当符合表7-1要求。

表7-1 井巷中的允许风流速度允许风速表

井巷名称	允许风速($m \cdot s^{-1}$)	
	最低	最高
无提升设备的风井和风硐		15
专为升降物料的井筒		12
风桥		10
升降人员和物料的井筒		8
主要进、回风巷		8
架线电机车巷道	1.0	8
输送机巷,采区进、回风巷	0.25	6
采煤工作面、掘进中的煤巷和半煤岩巷	0.25	4
掘进中的岩巷	0.15	4
其他通风人行巷道	0.15	

7 施工通风、瓦斯检测与监测

设有梯子间的井筒或者修理中的井筒,风速不得超过8m/s;梯子间四周经封闭后,井筒中的最高允许风速可以按表7-1的规定执行。

无瓦斯涌出的架线电机车巷道中的最低风速可低于表7-1的规定值,但不得低于0.5m/s。

综合机械化采煤工作面,在采取煤层注水和采煤机喷雾降尘等措施后,其最大风速可高于表7-1的规定值,但不得超过5m/s。

7.1.5 瓦斯易积聚处应实施局部通风,风速应不小于1.0m/s。

【释义】

隧道施工中容易在开挖工作面、塌方凹陷和通风死角等处发生瓦斯积聚,现场通常采用局部通风机、气动风机、空气引射器等设备进行局部通风,吹散积聚的瓦斯,避免形成瓦斯停留区域。

国外有资料显示,风速在0.3m/s时,甲烷会从发生点反流形成甲烷带;当风速为0.5m/s时,甲烷几乎不会发生反流,但也会形成甲烷带;当风速大于1m/s时,甲烷散乱,则不会形成甲烷带,不会在上部聚积。我国南昆线家竹菁隧道实测资料,洞内防瓦斯聚积风速小于1m/s时,拱顶瓦斯浓度大多大于2%。因此,对瓦斯易于积聚的空间,为防止瓦斯局部积聚,保证施工安全,本规范规定瓦斯易积聚处实施局部通风的风速应不小于1.0m/s。

7.1.6 瓦斯工区施工应进行机械通风。

【释义】

隧道瓦斯工区不同于非瓦斯工区,机械通风主要为了及时稀释瓦斯浓度,防止瓦斯超限,保证施工安全。《公路隧道施工技术规范》(JTG F60—2009)第13.0.3条规定"隧道施工独头掘进长度超过150m时,必须采用机械通风"和《公路工程施工安全技术规范》(JTG F90—2015)第9.9.1条第1款规定:"1 隧道施工独头掘进长度超过150m时应采用机械通风",根据上述规范要求,非瓦斯隧道一般情况下独头掘进150m之后才会进行机械通风,而对于瓦斯隧道,当洞口段为瓦斯工区特别是高瓦斯工区时,独头掘进未达到150m时若仍未进行机械通风,那么瓦斯积聚风险较高,为保证施工安全,此时根据瓦斯隧道施工风险特点,采用机械通风稀释瓦斯十分必要,因此本条规定就是为了避免独头掘进小于150m时出现瓦斯风险,这也与瓦斯工区要求连续通风的规定相匹配。

7.2 施 工 通 风

7.2.1 瓦斯工区施工通风需风量应按爆破排烟、工作的最多人数、作业机械、最小风速及绝对瓦斯涌出量分别计算,取其最大值作为需风量,并进行风速验算。

【释义】

洞内供风量的计算,除考虑保证施工人员身体健康需要的新鲜空气外,尚需满足施工方面的其他要求。具体从以下几个方面综合考虑:

(1)按洞内同时工作的最多人数需要的新鲜空气计算风量,每人应供应新鲜空气 $3m^3/min$。

(2)在规定时间内把同时爆破且使用最多炸药量所产生的有害气体稀释到允许浓度以下,由此方法计算风量 $Q(m^3/min)$。

$$Q = \frac{2.25}{t}\sqrt[3]{\frac{A(SL)^2Kb}{P^2}} \tag{7-1}$$

式中:t——通风时间(min);

A——每循环爆破的炸药用量(kg);

B——1kg 炸药爆破时有害气体生成量(L),一般按岩层中取 40,煤层中取 100;

S——坑道断面面积(m^2);

L——坑道长度或临界长度 (m):

$$L = 12.5\frac{Ab\beta}{SP^2} \tag{7-2}$$

β——紊流扩散系数,可参考表 7-2 采用。

表 7-2 紊流扩散系数(β 值)表

$l/2d$	6.35	7.72	9.60	12.10	15.80	21.85
β	0.40	0.46	0.53	0.60	0.67	0.74

注:l 为出风口至掌子面距离(m),d 为风管直径(m)。

P——坑道计算长度范围内漏风系数;

K——淋水系数,根据隧道渗水情况,参考表 7-3 采用。

表 7-3 淋水系数(K 值)表

级 别	淋水特征	系 数 K
1	干燥巷道	0.80
2	潮湿巷道	0.60
3	岩层含水或使用水幕	0.30

(3)根据不同的施工方法,按坑道内规定的最小风速计算风量,全断面开挖时风速不应小于 0.15m/s,导洞内不应小于 0.25m/s。

(4)当隧道采用内燃机械施工时,还应按内燃设备总功率(kW)需要的空气计算风量,具体为供风量不宜小于 4.5m³/(min·kW)。

(5)稀释瓦斯涌出量至规定安全浓度所需风量。

当按上述各个方面计算获得通风所需的供风量后,还应验证是否满足不同瓦斯工区类别的最小风速要求。

7.2.2 高瓦斯工区和煤(岩)与瓦斯突出工区通风长度大于 1 500m 时宜采用巷道式通风。

【释义】

由于高瓦斯工区和煤(岩)与瓦斯突出工区的瓦斯涌出量较大,从稀释瓦斯的角度来讲,相比其他工区其需风量更大,对通风效果的要求更高,隧道通风长度大于 1 500m 时,采用压入式通风方案难以保证通风效果,对风机和风管的性能要求高,因此建议采用巷道式通风。按照本规范

第3.2.5条的规定,在瓦斯隧道掘进过程中动态调整瓦斯工区类别,当施工区段内全部瓦斯地层穿越完毕,经检测并评定无瓦斯时,则后续施工区段为非瓦斯工区,两瓦斯地层间的非瓦斯地层段宜结合地层段长度、实测瓦斯情况、施工情况等确定瓦斯工区类别。因此,当高瓦斯地层或煤(岩)与瓦斯突出地层末端的通风长度大于1 500m时,也就是指独头掘进长度大于1 500m以上还存在高瓦斯或煤(岩)瓦斯突出地层时,就需要采用巷道式通风。

高速公路和一级公路隧道:通常采用左右幅分离式隧道形式,特别是长及特长隧道,因此采用巷道式通风时,可利用左右幅隧道分别作为送风和排烟巷道,实现巷道式通风。

二级及二级以下公路隧道:按照《公路工程技术标准》(JTG B01—2014)和《公路隧道设计规范 第一册 土建工程》(JTG 3370.1—2018)的规定,通常情况下特长隧道需设置防灾逃生救援通道,在这种情况下,可利用主洞作为进风通道,逃生救援通道作为排烟通道,以实现巷道式通风。

7.2.3 按绝对瓦斯涌出量计算需风量,风量应能将高瓦斯工区、低瓦斯工区内各处瓦斯浓度稀释到0.5%以下,将微瓦斯工区内各处瓦斯浓度稀释到0.25%以下。

【释义】

本条规定通风需风量应能将高、低瓦斯工区瓦斯浓度稀释到0.5%以下、微瓦斯工区瓦斯浓度稀释到0.25%以下,主要考虑到规定高、低瓦斯工区对电缆、电缆连接及敷设采取防爆措施,而微瓦斯工区除要求检测瓦斯浓度外,几乎未考虑防爆措施,因此本着安全需要而确定的。

7.2.4 瓦斯工区各个开挖掌子面应独立通风,不得使用1台通风机同时向两个及两个以上掌子面供风,任何两个掌子面之间不得串联通风。

7 施工通风、瓦斯检测与监测

【释义】

瓦斯隧道施工期间,开挖掌子面的供风是通风重点,为保证通风风量控制的可靠性,规定不能使用1台通风机同时向2个及以上掌子面供风,如:采用一台风机通过通风管分岔向两个隧道掌子面进行供风。

本条参照《煤矿安全规程》(2016年版)第一百五十条规定"采、掘工作面应当实行独立通风,严禁2个采煤工作面之间串联通风"制定。所谓串联通风,指的是隧道内某工作面的回风再次进入其他工作面的通风方式。若将一个工作面含有瓦斯的气体引排至其他工作面,会扩大瓦斯分布范围,增加安全隐患。本条主要强调两个洞的不同掌子面不得串联通风。公路隧道施工时通常存在掌子面和下台阶开挖面,掌子面回风经过下台阶开挖面不可避免,根据串联通风的危害,下台阶开挖工作面需加强瓦斯监测。当瓦斯浓度不满足规定时,需采用局部通风机进行通风,防止瓦斯积聚。

7.2.5 瓦斯工区通风设备的布置及安装应符合下列规定:

1 洞外通风机应设在洞外新鲜风流中,洞内送风机应布设在进风通道的新鲜风流中,且供给新鲜风量应大于洞内通风机的吸入风量,风机距回风排污口的距离不小于 **30m**。

2 应有一套同等性能的备用通风机,并保持良好的使用状态,备用通风机应能在 **10min** 内启动。

3 通风机应设两路电源,并装设风电闭锁装置,当一路电源停止供电时,另一路应在 **10min** 内接通。

4 低瓦斯工区、高瓦斯工区及煤(岩)与瓦斯突出工区内使用的局部通风机、射流风机均应采用防爆型,高瓦斯工区及煤(岩)与瓦斯突出工区应采用专用变压器、专用开关、专用线路、风电闭锁和甲烷电闭锁。

5 风管应具有抗静电、阻燃性能,其直径不宜小于 **1.2m**。风管送风口距开挖面不宜大于 **10m**,风管安装应平顺,接头严密,百米漏风率不得大于2%。

【释义】

1 为确保通风机能将新鲜无污染的空气引入至通风点处,确保实际通风和通风计算吻合,避免将瓦斯等有害气体带入工作面。因此要求洞外风机应设在洞外新鲜风流中,现场可结合洞口场地条件灵活布设。场地较为宽阔时,风机通常都布设在距洞口位置20m以外;场地狭窄时,可根据现场地形条件和风向,布设在隧道洞口两侧。

当洞内需要布设风机时,为保证风机所送的风流中为新鲜空气,要求洞内送风风机布设在进风通道的新鲜风流中,风机距回风排污口的距离不小于30m,且供给新鲜风量应大于洞内通风机的吸入风量。如:采用巷道式通风时,掌子面供风通常采用在进风通道布设轴流风机通过风管将新鲜空气压入至工作面,这时要求轴流风机布设在距离车人行横洞兼做排风通道距离大于30m,《煤矿安全规程》(2016年版)规定该距离不小于10m。本规范规定30m,主要参照《公路隧道施工技术规范》(JTG F60—2009)第13.0.5条第1款"1 送风式进风管口应设在洞外,宜在洞口里程30m以外",同时考虑了公路隧道断面较大,在回风排污口附近风流复杂且影响范围较大,本着安全和现场调研情况,距离要求规定为30m。

2、3 参照《煤矿安全规程》(2016年版)第一百五十八条和第四百三十六条的规定,对于洞内外主要通风机,必须保证主要通风机连续运转,且安装2套同等能力的主要通风机装置,其中1套作备用,备用通风机必须能在10min内启动。为保证风机能连续工作,要求通风机应设两路电源,当一路电源停止供电时,另一路应在10min内接通,供电必须采用三专(专用开关、专用电缆、专用变压器)供电。供电如果两路电源配备困难时,现场通常主电源采用电网电源、备用电源采用柴油发电机,才有发电机的功率需至少配备满足一级负荷供电的需求。

4 为保证隧道洞内用电安全,风机需具有风电闭锁功能。当风机停止运转停风后或者风筒中风速低于规定值时,能切断供风区内全部非本质安全型电气设备的电源,并闭锁。高瓦斯工区及煤(岩)与瓦斯突出工区的通风机还需具有甲烷电闭锁,当通风区域内的瓦斯超限时,应立即自动切断供风区域内的一切电源。

5 风管应具有抗静电、阻燃性能,是基于瓦斯风险防范的角度考量。风管送风口距开挖面不宜大于10m,是为了新鲜风能充分到达掌子面,达到稀释瓦斯的目的,由于施工爆破的影响,往往需要做好风管端头的保护。瓦斯隧道施工安全要求更高,为确保工作面和各用风地点满足风量、风速的要求,确保将瓦斯浓度稀释到允许浓度以下,除要求主风机能提供足够的风量和风压外,还必须减少沿程风量损失。因此,要求风管安装平顺,接头严密,风管漏风率越低越好。根据调研,目前通风管百米漏风率最低可达0.1%,本规范沿用了《公路隧道施工技术规范》(JTG F60—2009)的要求:百米漏风率不得大于2%,后期根据技术进步情况可加强风管漏风率控制。在供风量不变的情况下,风管直径越大,风管内风速越小,沿程阻力越小,风压损失越小。结合现场调研,本规范规定风管直径不宜小于1.2m。

7.2.6 微瓦斯工区、低瓦斯工区日常通风检查每天应不少于**1**次,高瓦斯工区和煤(岩)与瓦斯突出工区每班应不少于**1**次,检查包括下列内容:

 1 作业面风速是否满足最小风速的规定;
 2 风速、风量是否能满足工区内各作业点稀释瓦斯的要求;
 3 瓦斯易积聚处采取的防止瓦斯积聚措施是否有效;
 4 风管安装是否规范,通风设施是否正常工作。

【释义】

按照一定频率进行通风检查,通过对洞内通风情况的全面测定,了解进、回风巷和各个用风地点的风量、风速及漏风情况、有效风量等现状及变化情况,并根据检查结果及时采取措施,进行合理调节,可确保通风有效稀释瓦斯至安全范围。因此提出本条规定,保障施工安全。

7.2.7 瓦斯工区通风方式改变、压入式风管长度每增加 100m 或每隔 15d,应对隧道通风进行检测,主要内容为通风的风速、风量、风管漏风率等。

【释义】

参照《煤矿安全规程》(2016 年版)第一百四十条规定:"每 10 天至少进行 1 次全面测风"。考虑到公路隧道不同于矿井,因此适当放宽为每 15 天需对通风进行检测。通风方式发生改变主要指通风方式、增减风机、改变主要通风机类型和改变通风管直径等情况,为校核改变后的通风方式是否满足施工需要,必须对通风进行检测。考虑到每段风管长度为 50m 或 100m,风管长度每增加 100m 后,存在风管接头,且风阻增加较大,通风能力会降低,因此规定压入式通风风管长度每增加 100m,也需对隧道通风进行检测。

通风检测的主要内容包括风速、风量和风管漏风率等,风速主要包括风管出口、掌子面和不同位置的回风流风速。通风检测的目的是验证通风是否满足现场施工需要,必要时应根据通风检测结果对通风方案进行调整。

7.2.8 高瓦斯工区和煤(岩)与瓦斯突出工区放炮后通风时间应不少于 30min,微瓦斯工区和低瓦斯工区放炮后通风时间应不少于 15min。放炮后经巡视爆破地点无危险情况后方可进场作业。当按规定时间不能将瓦斯浓度稀释到规定值以下时,应采取提高风速、增大风量、延长通风时间或采取钻孔抽(排)放瓦斯等措施。

【释义】

对放炮后因正常产生的烟雾及粉尘需通风外,在瓦斯工区内,还需通过通风将洞内瓦斯浓度降低到允许值以下,根据对瓦斯隧道施工现场瓦斯监控调查,瓦斯地层放炮后,洞内瓦斯浓度值为最高,经通风后瓦斯浓度逐渐降低并稳定,因此需对放炮后通风时间进行要求。

放炮后,必须经对洞内瓦斯浓度进行检测确认安全后,方能进洞作业,特别是高瓦斯工区和煤(岩)与瓦斯突出工区。一般情况下,首先查看自动监控报警系统的瓦斯浓度记录数据,确认瓦斯浓度是否满足规定要求,必要时需要瓦检员穿着防护服进洞检测。当通风后瓦斯浓度不能在规定时间内降到要求,说明隧道通风已不能满足稀释瓦斯的需求,存在较大的安全隐患和影响施工进度,这时就需要调整通风系统,加大通风量,如果还不能有效稀释瓦斯时,则需要停止工区作业,结合现场情况综合确定采取钻孔抽(排)放瓦斯措施。

7.2.9 采用巷道式通风时,除用作通风联络道的横通道外,其他横通道应封闭。运输用的横通道应设两道双向闭锁风门,防止风流短路。

【释义】

采用巷道式通风时,需对除通风联络道之外的其余连接通道进行封闭,以防止进风和排风通道之间的空气流动,确保形成完整的通风系统,保证正常通风所需的风压、风量,避免受污染的空气进入掌子面。

双向闭锁风门应具有的功能特点为:开启省力、方便和安全;能自动关闭;密封严密,不漏风;每组风门不少于两道,且装有闭锁装置,不能同时敞开。

7.2.10 隧道贯通应满足下列规定:

1 瓦斯隧道相向掘进掌子面贯通前,在相距 **50m** 前应停止一个掌子面的掘进,做好调整通风系统的准备工作;停止掘进的工作面应保持正常通风和瓦斯检测,设置栏杆及警示标志。掘进工作面每次爆破前,必须按规定检测工作面及其回风流中的瓦斯浓度,两端工作面及其回风流中的瓦斯浓度均符合要求时,掘进的工作面方可爆破。每次爆破前,两端工作面入口必须有专人警戒。

2 隧道贯通时,应由专人在现场统一指挥。

3 隧道贯通后,应停止隧道内的一切工作,调整通风系统,待风流稳定并确认安全后方可恢复施工。当贯通的两端工作面的瓦斯工区类别不同时,风流不得从较高类别的瓦斯工区流向较低类别的瓦斯工区。

【释义】

本条规定主要参照《煤矿安全规程》(2016年版)第一百四十三条,并结合公路隧道的特点而制定。由于公路隧道断面较大,当地质条件较差时,很容易引起塌方,为瓦斯地层时,易导致瓦斯释放量较大,同时一端爆破施工也对另外一端隧道存在爆破震动影响,因此偏安全考虑,要求贯通剩余50m时,停止一个掌子面的掘进。

隧道贯通后,由于隧道两端洞口的高差、温度和风向等影响,隧道内产生自然风,影响隧道通风效果,同时隧道通风由压入式或巷道式通风变为纵向式通风。通常隧道贯通后对贯通隧道的通风是有利的,但对双洞公路平行的未贯通隧道可能会产生一定的不利影响。因此要求在隧道贯通时需做好调整通风系统的准备工作,特别是为双洞隧道的先行隧道贯通时,更应重视通风方案及通风设备等的准备工作。

调整通风系统时需要注意两端工区类型不一样的情况,总体原则是避免风流从较高类别的瓦斯工区流向低类别的瓦斯工区,造成安全风险。比如:A侧为高瓦斯工区,B侧为低瓦斯工区或非瓦斯工区,贯通后如果A侧含有较高瓦斯浓度风流吹向B侧工区,则造成B侧工区内的浓度升高,可能会由于B侧防护不足而造成瓦斯风险。

《煤矿安全规程》(2016年版)第一百四十三条规定:

"(一)巷道贯通前应当制定贯通专项措施。综合机械化掘进巷道在相距50m前、其他巷道在相距20m前,必须停止一个工作面作业,做好调整通风系统的准备工作。

停掘的工作面必须保持正常通风,设置栅栏及警标,每班必须检查风筒的完好状况和工作面及其回风流中的瓦斯浓度,瓦斯浓度超限时,必须立即处理。

掘进的工作面每次爆破前,必须派专人和瓦斯检查工共同到停掘的工作面检查工作面及其回风流中的瓦斯浓度,瓦斯浓度超限时,必须先停止在掘工作面的工作,然后处理瓦斯,只有在2个工作面及其回风流中的甲烷浓度都在1.0%以下时,掘进的工作面方可爆破。每次爆破前,2个工作面入口必须有专人警戒。

(二)贯通时,必须由专人在现场统一指挥。

(三)贯通后,必须停止采区内的一切工作,立即调整通风系统,风流稳定后,方可恢复工作。

间距小于20m的平行巷道的联络巷贯通,必须遵守本条规定。"

7.2.11 通风设备设施管理应符合下列规定:

1 应按施工通风设计要求安装通风机,通风机的运转及通风设施维护应由专人负责。

2 当工作通风机需要停运时,应先启动备用通风机,不应出现先停后启动或工作通风机及备用通风机均停止运行的情况。

3 瓦斯隧道内应设置测风牌板,标明检测人员、风速和时间等内容。

4 通风管理人员必须每班检查局部通风机和风电闭锁装置的完好性,发现问题应及时处理。

【释义】

通风是保障瓦斯隧道施工安全的关键措施,通风管理人员需对通风状况的了解有连续性,杜绝和避免风机误操作和随意关停等问题的发生,一般情况下应成立瓦斯隧道通风管理组。隧道通风和风机运转需要具备专业技能,通风管理人员应掌握瓦斯隧道通风相关业务基本知识,因此要求通风机的运转及通风设施维护由专人负责,实行挂牌管理。

为确保瓦斯工区内实现连续通风,要求必须有备用风机。当工作风机因为故障或需检修时,需先开启同等性能的备用风机,保证工区连续通风。

隧道内对于关键位置应设置测风排板,需标明检测时间、风速和检测人员,以便于现场直观反映通风状态及变化情况,校核通风是否符合要求或出现通风不良的问题。进行测风和设置测风牌板的位置通常有:风管进出口、掌子面、上台阶回风、下台阶工作面、二衬台车、已二衬段和隧道洞口等。

通风管理人员除检查设施外,还需检查备用风机和主风机切换、风电闭锁装置的完好性,对于风电闭锁和甲烷电闭锁需间隔15天左右试验一次。

7.2.12 瓦斯工区停风时,必须撤出所有人员,切断电源,设置警示标志,严禁人、车辆进入隧道。恢复瓦斯工区通风前,应由配备自救器的专业瓦斯检测人员进洞检测洞内瓦斯浓度,并制订通风及风机启动方案。经检测瓦斯浓度不超过1.0%,且洞内通风机及其开关附近10m以内风流中的瓦斯浓度均不超过0.5%时,方可人工启动洞内通风机;当通风后经检测瓦斯浓度仍超过1.0%时,应制定并采取稀释瓦斯的安全措施。

【释义】

本条主要参照《煤矿安全规程》(2016年版)第一百六十五条和第一百七十六条的规定。瓦斯工区停风时,应立即停工、断电、撤出洞内所有作业人员,并应专人负责管理,禁止人员车辆进入。恢复瓦斯工区通风前,应由配备自救器的专业瓦斯检测人员进洞检测洞内瓦斯浓度情况,并制定通风及风机启动方案,特别是当通风方案较为复杂,风机布设在瓦斯工区洞内时,尤其需要重视风机供电开启管理和开启顺序。只有经检测供电区域瓦斯浓度不超过1%,且在通风机及其开关地点附近10m以内风流中的瓦斯浓度均不超过0.5%时,方可人工开动通风机。

制订通风及风机启动方案时,对于风机布设在洞外时,通常先开启布设在洞外的风机,并在洞内瓦斯浓度逐步降低时,逐步开启洞内风机,风机开启顺序应保证风流可控。当所有风机均布设在洞内时,必须在掌握洞内瓦斯情况,并符合供电和开启风机条件时,才能逐步开启洞内风机。

若所有风机均不具备开启条件时,应增加洞外的通风设备降低洞内瓦斯浓度,以达到开启洞内风机的条件,进而逐步恢复通风。如果洞内通风后,仍不能有效降低瓦斯浓度至规定值时,应制订对策措施,调整通风方案,加大通风风量。

《煤矿安全规程》(2016年版)第一百六十五条规定:"使用局部通风机通风的掘进工作面,不得停风;因检修、停电、故障等原因停风时,必须将人员全部撤至全风压进风流处,切断电源,设置栅栏、警示标志,禁止人员入内。"

《煤矿安全规程》(2016年版)第一百七十六条规定:"局部通风机因故停止运转,在恢复通风前,必须首先检查瓦斯,只有停风区中最高甲烷浓度不超过1.0%和最高二氧化碳浓度不超过1.5%,且局部通风机及其开关附近10m以内风流中的甲烷浓度都不超过0.5%时,方可人工开启局部通风机,恢复正常通风。

停风区中甲烷浓度超过1.0%或者二氧化碳浓度超过1.5%,最高甲烷浓度和二氧化碳浓度不超过3.0%时,必须采取安全措施,控制风流排放瓦斯。

停风区中甲烷浓度或者二氧化碳浓度超过3.0%时,必须制定安全排放瓦斯措施,报矿总工程师批准。

在排放瓦斯过程中,排出的瓦斯与全风压风流混合处的甲烷和二氧化碳浓度均不得超过1.5%,且混合风流经过的所有巷道内必须停电撤人,其他地点的停电撤人范围应当在措施中明确规定。只有恢复通风的巷道风流中甲烷浓度不超过1.0%和二氧化碳浓度不超过1.5%时,方可人工恢复局部通风机供风巷道内电气设备的供电和采区回风系统内的供电。"

7.3 瓦斯检测与监测

7.3.1 高瓦斯工区和煤(岩)与瓦斯突出工区应采用自动监测系统与人

工检测相结合的方式,自动监测的探头宜采用双探头;低瓦斯工区宜采用自动监测系统与人工检测相结合的方式;微瓦斯工区可只采用人工检测的方式。

【释义】

瓦斯工区均需进行人工对瓦斯进行检测,对于高瓦斯工区和煤(岩)与瓦斯突出工区还应采用自动监测系统对隧道内风速及瓦斯浓度进行连续监测,低瓦斯工区通常情况下需采用自动监测系统。但如果隧道长度较短,且瓦斯工区距离洞口较近时,瓦斯工区隧道通风有保障时,也可不安装自动监测系统。高瓦斯工区和煤(岩)与瓦斯突出工区的自动瓦斯监测系统布设高、低浓度的两种甲烷传感器(即双探头),特别是掌子面的监测探头,因为高瓦斯、煤(岩)与瓦斯突出工区往往瓦斯涌出量大、瓦斯压力大,有时会出现瓦斯浓度突然增大,且浓度值很高,此时量程较小的低浓度传感器因量程超限而无法显示真实值,达不到监测预警的目的,因此作出本规定。

7.3.2 瓦斯工区的瓦斯检测仪器、仪表的配备应符合下列规定:

1 高瓦斯工区、煤(岩)与瓦斯突出工区应同时配备低浓度光干涉式甲烷测定器和高浓度光干涉式甲烷测定器。

2 非瓦斯工区、微瓦斯工区、低瓦斯工区应配备低浓度光干涉式甲烷测定器。

3 当地层富含硫化氢(H_2S)、一氧化碳(CO)、氮气(N_2)、二氧化氮(NO_2)、氨气(NH_3)等有害气体时,应配备相应的气体测定器。

【释义】

不同的瓦斯工区需配备能满足现场瓦斯检测精度和量程的瓦斯检测仪器,一般情况下主要考虑精度要求和对应能满足现场检测瓦斯浓度的要求,低浓度甲烷传感器量程为 $0 \sim 4.0\%$,不能用于浓度大于 4.0% 甲烷监测,高瓦斯工区、煤(岩)与瓦斯突出工区环境中甲烷浓度会大于

4.0%,因此需要配备两种浓度传感器。煤系地层除含甲烷气体外,通常还有一氧化碳或其他有害气体,因此瓦斯隧道也应根据地层赋存的有害气体,配备对应的检测仪器。

7.3.3 洞内班组长、特殊工种等人员进入瓦斯工区应配备便携式甲烷检测报警仪。

【释义】

便携式甲烷检测报警仪不但能够实时检测甲烷浓度,更重要的是能够实现实时报警。通常除洞内班组长需配备便携式甲烷检测报警仪外,其他爆破人员、通风管理和超前地质预报等特殊工种作业人员也需携带。

7.3.4 瓦斯检测仪器、仪表应定期检测、调试、校正。

【释义】

瓦斯检测仪器和仪表等应根据煤矿行业相关要求,进行检测、调试和校正。

《煤矿安全规程》(2016年版)第四百九十二条至第四百九十六条中也有相关规定和要求。具体内容为:①安全监控设备必须定期调校、测试,每月至少1次。②采用载体催化元件的甲烷传感器必须使用校准气样和空气气样在设备设置地点调校,便携式甲烷检测报警仪在仪器维修室调校,每15天至少1次。③甲烷电闭锁和风电闭锁功能每15天至少测试1次。④可能造成局部通风机停电的,每半年测试1次。⑤必须每天检查安全监控设备及线缆是否正常,使用便携式光学甲烷检测仪或者便携式甲烷检测报警仪与甲烷传感器进行对照,并将记录和检查结果报矿值班员;当两者读数差大于允许误差时,应当以读数较大者为依据,采取安全措施并在8h内对2种设备调校完毕。⑥便携式甲烷检测仪的调校、维护及收发必须由专职人员负责,不符合要求的严禁发放使用。

7.3.5 人工瓦斯检测应包括下列地点:

1 隧道内掌子面、仰拱及二次衬砌等作业面。

2 爆破地点附近 **20m** 内风流中。

3 拱顶、脚手架顶、台车顶、塌腔区、断面变化处、联络通道及预留洞室等风流不易到达、瓦斯易发生积聚处。

4 过煤层、断层破碎带、裂隙带及瓦斯异常涌出点。

5 局部通风机、电机、变压器、电气开关附近、电缆接头等隧道内可能产生火源的地点。

【释义】

人工检测地点的确定主要考虑因素为:瓦斯集中逸出位置、通风风流不易到达导致瓦斯积聚和可能产生火源的地点。

1 加强隧道内掌子面、仰拱及二次衬砌等作业面的瓦斯浓度检测,是确保施工及作业人员安全的重要措施。

3 对塌腔区要尽快处理,处理前在确保安全的情况下,加强瓦斯检测。

4 过煤层瓦斯压力或涌出量可能较大;断层破碎带、裂隙带由于构造复杂,瓦斯运移具有不确定性和突发性;加上瓦斯异常涌出点,这些地方瓦斯风险较高,需要加强瓦斯检测。

5 隧道内可能产生火源的地点,如局部通风机、电机、变压器、电气开关附近、电缆接头等,一旦瓦斯浓度超标,会酿成重大灾害,施工中要严肃对待,加强瓦斯浓度检测。

7.3.6 人工瓦斯检测频率应符合下列规定:

1 微瓦斯工区不应少于 **1 次/4h**,低瓦斯工区、高瓦斯工区不应少于 **1 次/2h**。

2 高瓦斯工区和煤(岩)与瓦斯突出工区的开挖工作面及瓦斯涌出量较大、变化异常区域,应提高瓦斯浓度检测频率。

3 瓦斯浓度低于 **0.5%** 时,应每 **0.5~1h** 检测一次;高于 **0.5%** 时,

应随时检测。

4 瓦斯工区内进行钻孔作业、塌腔及采空区处治和焊接动火、切割时，应随时检测瓦斯。

【释义】

1 主要针对一般情况下，对不同瓦斯类别工区人工检测频率作出规定。

2、3 本条从浓度控制和特殊情况下进行特别强调。主要参照《公路工程施工安全技术规范》（JTG F90—2015）第9.11.8条规定："瓦斯含量低于0.5%时，应每0.5~1h检测一次；瓦斯含量高于0.5%时，应随时检测，发现问题立刻上报。煤与瓦斯突出较大、变化异常时应加大检测频率"。

4 钻孔作业时瓦斯可能会涌出量异常增大，需要随时检测瓦斯；瓦斯在塌腔及采空区容易积聚，处治时随时检测防止超限发生瓦斯灾害。焊接动火、切割等作业与火源相关，同样需要重视随时检测瓦斯。

7.3.7 瓦斯工区的开挖工作面及台车位置的拱顶以下25cm范围内应悬挂便携式甲烷检测报警仪，实时检测瓦斯浓度。

【释义】

根据对瓦斯隧道现场施工的调查，在人员主要集中工作且瓦斯浓度最高的位置悬挂便携式甲烷检测报警仪十分重要，可起到提醒作业人员和便于随时查看的目的，实时掌握瓦斯浓度变化情况。

7.3.8 瓦斯自动监控报警系统设备及安装要求可参照本规范附录H执行，其功能应满足下列最低要求：

1 具有断电、馈电状态监测和报警功能，显示、存储和打印报表功能。

2 能实时监测瓦斯浓度、洞内风速。

3 可对主要风机实现风电闭锁功能,其他设备实现甲烷电闭锁功能。

4 瓦斯浓度超过要求时,自动切断超限区的电源后,自动监控报警系统仍可正常工作。

【释义】

本条参照《煤矿安全规程》(2016年版)第四百九十条及第四百九十五条制定。

第四百九十条规定:"安全监控设备必须具有故障闭锁功能。当与闭锁控制有关的设备未投入正常运行或者故障时,必须切断该监控设备所监控区域的全部非本质安全型电气设备的电源并闭锁;当与闭锁控制有关的设备工作正常并稳定运行后,自动解锁。安全监控系统必须具备甲烷电闭锁和风电闭锁功能。当主机或者系统线缆发生故障时,必须保证实现甲烷电闭锁和风电闭锁的全部功能。系统必须具有断电、馈电状态监测和报警功能。"

第四百九十五条规定:"安全监控系统必须具备实时上传监控数据的功能。"

甲烷传感器等发生故障时,将不能及时发现瓦斯超限和掘进工作面停风等,如不故障闭锁,当瓦斯超限时,不能及时断电,可能会造成瓦斯爆炸等事故。因此,要求安全监控设备必须具有故障闭锁功能。

当瓦斯超限或掘进工作面停风时,必须快速、可靠切断相关区域电源。因此,甲烷电闭锁和风电闭锁功能必须由分站等现场设备完成,当主机或者系统线缆发生故障时,也不会影响甲烷电闭锁和风电闭锁功能。

为防止因电缆断缆、设备安装错误或设备故障,造成系统发出断电指令后,被控区域不能及时断电,系统需监测被控设备断电和馈电状态,异常时报警。

7.3.9 隧道内瓦斯浓度限值及超限处理措施应符合表7.3.9的规定。

表7.3.9 隧道内瓦斯浓度限值及超限处理措施

序号	工区	地点	限值	超限处理措施
1	微瓦斯工区	任意处	0.25%	查明原因,加强通风监测
2	低瓦斯工区	任意处	0.5%	超限20m范围内立即停工,查明原因,加强通风监测
3	高瓦斯工区和煤(岩)与瓦斯突出工区	瓦斯易积聚处	1.0%	超限附近20m停工,断电,撤出人员,进行处理,加强通风
4		开挖工作面风流中	1.0%	停止钻孔,超限处停工,撤出人员,切断电源,查明原因,加强通风等
5		回风巷或工作面回风流中	1.0%	停工,撤出人员,进行处理
6		放炮地点附近20m风流中	1.0%	严禁装药放炮
7		煤层放炮后工作面风流中	1.0%	继续通风,不得进入
8		局扇及电气开关10m范围内	0.5%	停机,通风,进行处理
9		电动机及开关附近20m范围内	1.0%	停止运转,撤出人员,切断电源,进行处理

【释义】

在制定隧道内瓦斯浓度限制时,考虑到公路从业人员较煤矿技术人员关于瓦斯安全管理的知识和经验偏弱,因此确定的瓦斯浓度限值要求较《煤矿安全规程》(2016年版)偏严格,以确保施工安全。同时也考虑了不同瓦斯工区类别的瓦斯安全防护措施的差异,防护措施越少,洞内瓦斯浓度限值要求越高。如:微瓦斯工区采取的瓦斯安全防护措施较少,因此对洞内的瓦斯浓度限制要求最高。

《煤矿安全规程》(2016年版)的具体规定为:

"第一百七十一条 矿井总回风巷或者一翼回风巷中甲烷或者二氧化碳浓度超过0.75%时,必须立即查明原因,进行处理。

第一百七十二条　采区回风巷、采掘工作面回风巷风流中甲烷浓度超过1.0%或者二氧化碳浓度超过1.5%时,必须停止工作,撤出人员,采取措施,进行处理。

第一百七十三条　采掘工作面及其他作业地点风流中甲烷浓度达到1.0%时,必须停止用电钻打眼;爆破地点附近20m以内风流中甲烷浓度达到1.0%时,严禁爆破。采掘工作面及其他作业地点风流中、电动机或者其开关安设地点附近20m以内风流中的甲烷浓度达到1.5%时,必须停止工作,切断电源,撤出人员,进行处理。采掘工作面及其他巷道内,体积大于$0.5m^3$的空间内积聚的甲烷浓度达到2.0%时,附近20m内必须停止工作,撤出人员,切断电源,进行处理。对因甲烷浓度超过规定被切断电源的电气设备,必须在甲烷浓度降到1.0%以下时,方可通电开动。"

《铁路瓦斯隧道技术规范》(TB 10120—2019)的具体规定见表7-4。

表7-4　铁路隧道内施工瓦斯浓度限值及超限处理措施

序号	地　　点	限值	超限处理措施
1	微瓦斯工区任意处	0.5%	超限20m范围内立即停工、查明原因、加强通风监测
2	局部瓦斯聚集(体积大于$0.5m^3$)	2.0%	超限附近20m停工、断电、撤人、进行处理、加强通风
3	开挖工作面及其他作业地点风流中	1.0%	停止电钻钻孔
3	开挖工作面及其他作业地点风流中	1.5%	必须停止工作,撤人、切断电源、查明原因、加强通风
4	回风巷或工作面回风流	1.0%	停工、撤人、处理
5	放炮地点附近20m风流中	1.0%	严禁装药放炮
6	煤层放炮后工作面回风流	1.0%	继续通风,不得进入
7	局扇及电气开关20m范围内	0.5%	停机、通风、处理
8	电动机及开关附近20m范围内	1.5%	必须停止工作,切断电源、撤人、进行处理
9	竣工后任意处	0.5	查明渗漏点,进行整治

7.3.10 每班人工瓦斯检测结果应与自动监控系统相应位置、时间的自动监控值进行比对,两种方式相互验证,发现异常应及时查明原因。

【释义】

由于自动监控系统受洞内施工影响较大,传感器探头、线路等容易损坏,而人工瓦斯检测受施工影响相对较小。自动监控系统具有实时连续监测的作用,在施工过程中对瓦斯监测具有人工不可替代的作用,因此采用人工检测和自动监控系统相互验证,及时发现问题并进行检查纠正,以确保瓦斯监测结果准确可靠。

7.3.11 停工封闭的瓦斯隧道复工前必须制定安全专项技术措施,进行全面的瓦斯浓度检测。应重点检测瓦斯易积聚且风流不易到达的地方,排除积聚的瓦斯。当工区瓦斯浓度降到0.5%以下时方可恢复作业。

【释义】

由于受节假日的影响,特别是受春节假期影响,瓦斯隧道存在停工封闭的情况,可能对瓦斯检测工作有所放松。当现场不按照要求停止隧道通风后,尽管洞内瓦斯逸出较慢,但由于时间积累,也容易出现瓦斯积聚达到燃烧爆炸的浓度。如果是上坡施工的隧道,洞内瓦斯更加不易自然排出。因此,对停工封闭的瓦斯工区,除加强对放假期间瓦斯隧道现场管理,严禁人员车辆进出和对洞内恢复供电等危险行为发生,同时也需对复工制定安全专项技术措施,确保复工安全。

具体案例如:某座低瓦斯隧道,春节期间停工停风,节后复工时由于现场管理不严,复工人员进入隧道,在不掌握隧道内瓦斯浓度的情况下,盲目发动作业机械,发生爆炸事故,付出了惨痛的代价。

8 钻 爆 作 业

8.1 一 般 规 定

8.1.1 瓦斯工区应严格控制超挖和塌腔。

【释义】

由各种原因产生的超挖、塌腔在隧道施工中本身就应当予以控制,而瓦斯隧道的超挖、塌腔往往极容易形成瓦斯局部积聚,浓度不断增大,从而成为瓦斯燃烧、爆炸的隐患。如 2005 年 12 月 22 日四川省都江堰至映秀段高速公路董家山隧道(现名紫坪铺隧道)发生的瓦斯爆炸,就是由于掌子面处塌方(右洞进口距洞口约 1 500m 左右,掌子面附近形成 4~5m 高、6~7m 宽、约 5m 长的空腔),瓦斯异常涌出,致使模板台车附近瓦斯浓度达到爆炸极限,最终发生瓦斯爆炸,导致重大事故。

瓦斯工区的物理范围大于瓦斯地层,注意本条规定是对瓦斯工区而不是瓦斯地层进行严控,超挖和塌腔处于瓦斯地层时瓦斯积聚风险容易理解,但需要注意以下工况的风险:掌子面进入瓦斯地层,后方开挖面位于非瓦斯地层(但处于瓦斯工区),瓦斯地层逸出的瓦斯在回风流中容易在后方非瓦斯地层的超挖、塌腔形成积聚。

8.1.2 瓦斯地层开挖工作面装药前、爆破前和爆破后,必须检查放炮地点附近 20m 以内风流中的瓦斯浓度,瓦斯浓度值应符合本规范表 7.3.9 的规定。

【释义】

瓦斯浓度是瓦斯风险的主要因素之一,因此加强监测钻爆区域附近的瓦斯浓度十分重要,而且是强调全过程(装药前、爆破前和爆破后)监测检查,以确保安全。

本条主要参照煤矿行业中的"一炮三检"制度,"一炮三检"制度是指装药前、爆破前和爆破后,必须由瓦检工检查爆破地点附近20m以内的瓦斯浓度,具体为:

(1)装药前、爆破前,必须检查爆破地点附近20m以内风流中的瓦斯浓度,若瓦斯浓度达到或超过1%,不准装药、爆破。

(2)爆破后,爆破地点附近20m以内风流中的瓦斯浓度达到或超过1%,必须立即处理,若经过处理瓦斯浓度不能降到1%以下,不准继续作业。

8.1.3 瓦斯地层爆破工作应全过程检测瓦斯。爆破前应进行下列检查工作,并确认安全后方可启爆:

1 应检查爆破连线。

2 应组织设置警戒,撤出人员,清点人数。

3 应检查瓦斯、煤尘浓度。

【释义】

本条参考煤矿行业"三人连锁爆破"制度,是瓦斯灾害预防的通行和有效做法。"三人连锁爆破"制度是指爆破工、班组长(或安全员)、瓦检工三人必须同时自始至终参加爆破工作过程。并遵守下列规定:

(1)爆破前,爆破工应检查爆破连线,确认无误后将警戒牌交给安全员。

(2)安全员接到警戒牌,应检查顶板、支护、风量、阻风面积等,确认符合爆破要求后,负责设置警戒,组织撤出人员、清点人数,确认无误后,将瓦检牌交给瓦斯检查员。

(3)瓦斯检查员接到瓦检牌,应检查瓦斯、煤尘浓度,确认符合爆破要求后,将爆破牌交给爆破工。

(4)爆破工应在收到爆破牌后实施爆破。没有收到爆破牌,爆破工不得实施爆破。

8.1.4 发生瓦斯喷出等异常状况或其他煤(岩)与瓦斯突出预兆时,应立即报警,切断电源,停止工作,撤出人员,并启动应急预案。

【释义】

瓦斯喷出是指大量的承压瓦斯肉眼可见地从煤、岩裂缝中快速涌出的现象。

发现异常或突出预兆时需果断采取一系列措施保证安全,"报警、切断电源、停止工作、撤出人员、启动应急预案"从时间序列没有绝对的先后顺序,有的工作是并联实施,主要原则和目的就是快速响应。

8.2 钻爆施工

8.2.1 瓦斯地层钻孔作业必须符合下列规定:

1 开挖工作面附近 **20m** 风流中瓦斯浓度应符合本规范表 **7.3.9** 的规定。

2 钻孔应采用湿式钻孔。

3 有两个及两个以上爆破临空面时,煤层中最小抵抗线不得小于 **0.5m**;岩层中最小抵抗线不得小于 **0.3m**。

4 炮眼深度应不小于 **0.6m**。

5 严禁使用煤电钻。

【释义】

炮眼深度、炮眼长度、自由面(爆破临空面)和最小抵抗线是爆破工作中的几个重要概念(图8-1),定义如下:

炮眼深度——从炮眼底到自由面的垂直距离。

炮眼长度——沿炮眼轴线由眼口到眼底的距离。

自由面——被爆介质与空气的接触面。

最小抵抗线——从装药重心到自由面的最短距离。

8 钻爆作业

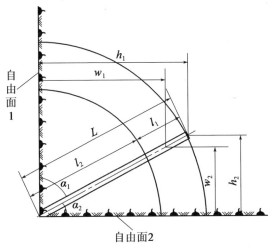

图 8-1　两个自由面情况下炮眼深度与最小抵抗线示意图

h_1、h_2-对自由面 1 和 2 的炮眼深度；w_1、w_2-对自由面 1 和 2 的最小抵抗线；L-炮眼长度；l_1-装药长度；l_2-炮泥堵塞长度；α_1、α_2-炮眼轴线与自由面 1 和 2 的夹角

2　主要参照《煤矿安全规程》(2016 年版)第六百五十一条规定："井工煤矿在煤、岩层中钻孔作业时，应当采取湿式降尘等措施。"

湿式钻孔就是电钻头有插接水管的接头，并且钻杆是中空的，能通过高压水流，采用水雾在孔口或孔内进行捕尘，从而降低粉尘量的一种钻孔方式，降尘效果十分显著，有资料表明，湿式打眼比干式打眼能降低 94%~98% 的产尘量；此外，在煤层中干钻孔会为煤尘爆炸创造条件，危害安全。

3　主要参照《煤矿安全规程》(2016 年版)第三百五十九条规定："工作面有 2 个及以上自由面时，在煤层中最小抵抗线不得小于 0.5m，在岩层中最小抵抗线不得小于 0.3m。浅孔装药爆破大块岩石时，最小抵抗线和封泥长度都不得小于 0.3m。"

爆炸冲击波首先冲破抵抗线最小的爆破临空面，最小抵抗线越小，炸药与爆破临空面之间所夹的介质越薄，爆破剩余能量越大，爆生气体、雷管碎屑甚至火焰喷至爆破临空面以外，创造爆燃条件，引起瓦斯、煤尘燃烧、爆炸,因此需对最小抵抗线进行控制。

在掘进工作面爆破作业中,如果因打眼定位或定向控制不严,造成炮眼间距过小,此时先爆炮孔的应力波和爆破介质会对后爆炮眼内炸药发生作用。有关研究表明,如果两炮眼间距小于350mm,由于后爆炮孔炸药发生压力钝化现象,异常爆轰出现的概率明显提高,见表8-1。

表8-1 不同炮眼间距与异常爆轰概率的关系

炮眼间距(mm)	异常爆轰概率(%)		
	二级煤矿乳化炸药	3号煤矿铵锑炸药	三级煤矿水胶炸药
<300	100	100	89
301~350	48	42	29
351~400	16	9	1
401~450	4	3	1
451~500	3	3	1

从表8-1可以看出,减少异常爆轰概率,相邻炮眼的间距应不小于400mm或更大。但考虑到我国煤矿许用乳化炸药实际的作功能力,而且煤矿许用乳化炸药的使用量已占全部煤矿许用炸药的50%以上,炮眼间距规定过大,将影响爆破效率。综合考虑两种因素,规定岩层中最小抵抗线不小于300mm。

4 主要参照《煤矿安全规程》(2016年版)第三百五十九条规定:"炮眼深度小于0.6m时,不得装药、爆破"。

从图8-1可以看出,在炮眼长度与装药长度相同的情况下,炮眼的深度越大,则最小抵抗线也越大,炮眼轴线与自由面之间所夹的岩石越厚;反之,炮眼的深度越小,则最小抵抗线也越小,炮眼轴线与自由面所夹的岩石越薄。炮眼内的药卷爆炸时,炸药的爆炸能量是从有最小抵抗线的自由面释放的。由于炮眼深度越小,药卷对自由面的抵抗线也越小,当炮眼深度小于0.6m时,扣除所装药卷长度后,炮泥长度肯定不足,就不能阻止高温高压的爆生气体和灼热的固体颗粒冲破抵抗线最小的自由面,极容易引燃、引爆瓦斯或煤尘。炮眼深度小于 0.6m 时,属浅孔爆破,因此本条规定炮眼深度应不小于 0.6m。

5 《国家安全监管总局关于印发淘汰落后安全技术工艺、设备目录(2016 年)的通知》(安监总科技〔2016〕137 号)把煤电钻列入了《淘汰落后安全技术工艺、设备目录(2016 年)》。《煤矿安全规程》(2016 年版)规定"突出矿井禁止使用煤电钻,煤层突出参数测定取样时不受此限"。煤电钻使用过程中容易发生短路故障引起火花、人身触电、综合保护故障等事故,为了提高隧道施工安全保障能力,禁止使用煤电钻,可采用气动钻机或液压钻机代替煤电钻。实际上,公路隧道基本不使用煤电钻,此处规定严禁使用煤电钻。

8.2.2 微瓦斯地层可采用常规爆破器材,低瓦斯地层、高瓦斯地层及煤(岩)与瓦斯突出地层使用的爆破器材必须符合下列规定:

1 低瓦斯地层中的煤层段应使用安全等级不低于二级的煤矿许用炸药。高瓦斯地层中的煤层段必须使用安全等级不低于三级的煤矿许用炸药。煤(岩)与瓦斯突出工区瓦斯地层和揭煤施工必须使用安全等级不低于三级的煤矿许用含水炸药。

2 必须使用煤矿许用瞬发电雷管、煤矿许用毫秒延期电雷管或煤矿许用数码电雷管。使用煤矿许用毫秒延期电雷管时,最后一段的延期时间不得超过 **130ms**。使用煤矿许用数码电雷管时,一次起爆总时间差不得超过 **130ms**,并应与专用起爆器配套使用。一次爆破必须使用同一厂家、同一品种的煤矿许用炸药和电雷管。

3 起爆母线应选用具有良好绝缘和柔顺性的铜芯电缆。放炮母线或辅助母线的破皮、裸露接头,必须作绝缘处理。

4 起爆器应选用防爆型。

【释义】

本条是对瓦斯地层段爆破作业使用的爆破器材进行的规定。

煤矿许用炸药是指经主管部门批准，符合国家煤矿安全规程规定，允许在有瓦斯和(或)煤尘爆炸危险的煤矿井下工作面或工作地点使用的炸药。1877年，法国人首先注意到一定比例的瓦斯-空气混合物在650℃下，经过10s的延期就会发生爆炸，而且温度越高，延迟期越短。基于以上事实，法国人首先从理论上提出了煤矿安全炸药的概念，在炸药组分中添加一定比例的消焰剂，以降低炸药的爆轰温度。与此同时，英、德、比利时等国家先后建立试验巷道来模拟井下的条件，用试验对比的方法为煤矿选择合适的炸药，其原理和方法一直沿用至今。煤矿许用炸药的分级和适用范围是在科学研究的基础上，在长期的生产实践中总结经验，对炸药进行严格检验后确定的，不同矿井瓦斯等级使用不同等级的煤矿许用炸药。

煤矿许用炸药的安全性等级及使用范围见表8-2。

表8-2 煤矿许用炸药的安全性等级及使用范围

炸药名称	炸药安全性等级	使用范围
一级煤矿许用乳化炸药 一级煤矿许用水胶炸药 一级煤矿许用粉状乳化炸药 一级煤矿许用膨化硝铵炸药	一级	低瓦斯矿井岩石掘进工作面
二级煤矿许用乳化炸药 二级煤矿许用水胶炸药 二级煤矿许用粉状乳化炸药 二级煤矿许用膨化硝铵炸药	二级	低瓦斯矿井煤层采掘工作面
三级煤矿许用水胶炸药 三级煤矿许用乳化炸药 三级煤矿许用粉状乳化炸药	三级	高瓦斯矿井、煤油共生矿井、煤与瓦斯突出矿井

煤矿许用电雷管是指经主管部门批准，符合国家煤矿安全规程规定，允许在有瓦斯和(或)煤尘爆炸危险的煤矿井下工作面或工作地点使用的电雷管。由于普通电雷管爆炸会产生灼热飞散碎片或高密度射流、雷

管内的副爆轰药爆炸时产生高温和火焰、延期药燃烧喷出高温残渣等,可能引燃瓦斯或煤尘。而煤矿许用电雷管在雷管结构上进行了改进,消除了飞散碎片或高密度射流,雷管副爆轰药添加了消焰剂,降低了爆轰温度和火焰长度,对于延期药燃烧喷出高温残渣采取延期火焰密封传播措施,避免了电雷管爆炸时将延期药燃烧生成的高温残渣喷出。

本条第1、2款主要参照《煤矿安全规程》(2016年版)第三百五十条规定:

"井下爆破作业,必须使用煤矿许用炸药和煤矿许用电雷管。一次爆破必须使用同一厂家、同一品种的煤矿许用炸药和电雷管。煤矿许用炸药的选用必须遵守下列规定:

(一)低瓦斯矿井的岩石掘进工作面,使用安全等级不低于一级的煤矿许用炸药。

(二)低瓦斯矿井的煤层采掘工作面、半煤岩掘进工作面,使用安全等级不低于二级的煤矿许用炸药。

(三)高瓦斯矿井,使用安全等级不低于三级的煤矿许用炸药。

(四)突出矿井,使用安全等级不低于三级的煤矿许用含水炸药。

在采掘工作面,必须使用煤矿许用瞬发电雷管、煤矿许用毫秒延期电雷管或者煤矿许用数码电雷管。使用煤矿许用毫秒延期电雷管时,最后一段的延期时间不得超过130ms。使用煤矿许用数码电雷管时,一次起爆总时间差不得超过130ms,并应当与专用起爆器配套使用。"

1 微瓦斯地层瓦斯涌出量较低,无须采取煤矿许用炸药和设备改装等措施,使用常规爆破器材可节约施工成本、加快施工进度。高瓦斯、煤(岩)与瓦斯突出地层爆破器材相关规定参考《煤矿安全规程》(2016版)的规定执行。试验结果表明,在高瓦斯区域,使用低于三级的煤矿许用炸药不能保证爆破作业的安全。在煤(岩)与瓦斯突出危险的工作面,必须使用不低于三级的煤矿许用含水炸药。

水胶炸药和乳化炸药属于含水炸药。

2 不能使用秒延期电雷管是因为秒延期电雷管是以秒为单位来计算各段延期时间,各段雷管延期时间过长易引起瓦斯、煤尘爆炸,因此不能使用秒延期电雷管。

必须使用煤矿许用瞬发电雷管、煤矿许用毫秒延期电雷管、煤矿许用数码电雷管,是因为煤矿许用电雷管的传爆药中加入1%~6%的消焰降温剂,消焰并降低其爆热。煤矿许用毫秒延期电雷管采用铜壳并增加外壳的厚度,延期药装入能密封燃烧的铅管中,其总延期时间在130ms以内,煤矿许用瞬发电雷管通电后130ms内就起爆,没等瓦斯浓度达到爆炸下限就已起爆完毕,安全性能好,不会引爆瓦斯。

经测定,爆破后从新的自由面和崩落煤块中涌出的瓦斯浓度,160ms时为0.3%~0.5%,260ms时为0.3%~0.95%,360ms时为0.35%~1.6%,而360ms时瓦斯浓度比瓦斯爆炸下限(5%)少83%~86%,130ms却只有360ms的三分之一多一点,因而在130ms内,瓦斯浓度远没有达到爆炸限度,各段毫秒延期电雷管已经全部爆炸结束,所以有足够的安全系数,不会引起瓦斯爆炸。而且煤矿许用毫秒延期电雷管不存在从排气孔中喷出火焰和高温气体的问题,因而在最后的延期时间不超过130ms时,考虑一定的安全系数,使用毫秒延期电雷管是不会引起瓦斯爆炸的。

电雷管是由电引火元件点燃,因此有其电性能参数,如安全电流、发火电流、发火冲能、串联起爆准电流、静电感度等。由于不同厂家生产的或不同品种的电雷管,其电引火装置的材质与形式不同,其电引火特性(对电的敏感程度)亦各异,若将这样两种不同雷管掺混使用,则电感度高的雷管先爆炸,随即切断串联网路,使电感度低的雷管不能获得足够的电能而瞎火。所以,不同厂家生产的或不同品种的电雷管,不得掺混使用。同理,不同品种的炸药,有不同的性能和安全等级,有不同的应用范围和使用条件,所以规定在同一工作面不得使用两种不同品种的炸药。

4 主要参照《煤矿安全规程》(2016年版)第三百六十五条规定:

"发爆器或者电力起爆接线盒必须采用矿用防爆型(矿用增安型除外)"。

矿用防爆型发爆器目前大多采用防爆型电容式发爆器,这种发爆器体积小、重量轻、外壳防爆。《煤矿用电容式发爆器》(GB 7958—2014)规定:"在额定负载范围内,发爆器的安全供电时间不大于4ms;或达到4ms时,输出端子两端电压应降低到本质安全电路规定值以下。另外其防潮性能好,可在相对湿度98%的环境中使用。"

8.2.3 装药前和爆破前,若存在下列任意一种情况,则严禁装药、严禁爆破:

1 爆破地点20m以内,风流中瓦斯浓度达到或超过本规范表7.3.9规定值。

2 爆破地点风量不足。

3 炮眼内发现异响、温度骤高骤低、瓦斯明显涌出、炮眼穿透采空区等现象。

【释义】

主要参照《煤矿安全规程》(2016年版)第三百六十一条规定:"装药前和爆破前有下列情况之一的,严禁装药、爆破:

(一)采掘工作面控顶距离不符合作业规程的规定,或者有支架损坏,或者伞檐超过规定。

(二)爆破地点附近20m以内风流中甲烷浓度达到或者超过1.0%。

(三)在爆破地点20m以内,矿车、未清除的煤(矸)或者其他物体堵塞巷道断面1/3以上。

(四)炮眼内发现异状、温度骤高骤低、有显著瓦斯涌出、煤岩松散、透老空区等情况。

(五)采掘工作面风量不足。"

当开挖工作面风量不足时,既不能保证作业人员正常呼吸,也不能排出和稀释各种有害气体与粉尘,在这种情况下,严禁装药、爆破。

当炮眼内发现异状,如炮眼内有水流出、煤壁发潮、挂水珠、工作面发冷等,可能是透水的征兆;炮眼内温度忽高忽低或向外冒热气、流热水等,前方可能是火区;响煤泡、地压突然增大、炮眼内瓦斯忽大忽小等,则是煤(岩)与瓦斯突出的预兆;穿透既有巷道和空腔,连通的巷道和空腔可能会存在瓦斯积聚。当遇到上述情况时,若仍进行爆破,极有可能诱发灾害事故并导致事故扩大。

8.2.4 瓦斯地层装药应符合下列规定:
1 装药前应清除炮眼内的煤粉、岩粉。
2 装药时,应用木质或竹质炮棍将药卷推入,不得冲撞或捣实。
3 高瓦斯工区及煤(岩)与瓦斯突出工区不得采用反向起爆。
4 炮眼有水时,应使用抗水型炸药。
5 不得使用破损的电雷管。

【释义】

1、2、4 主要参照《煤矿安全规程》(2016年版)第三百五十七条规定:"装药前,必须首先清除炮眼内的煤粉或者岩粉,再用木质或者竹质炮棍将药卷轻轻推入,不得冲撞或者捣实。炮眼内的各药卷必须彼此密接。

有水的炮眼,应当使用抗水型炸药。

装药后,必须把电雷管脚线悬空,严禁电雷管脚线、爆破母线与机械电气设备等导电体相接触。"

1 装药前,炮眼内有煤粉、岩粉,容易发生拒爆、爆燃等事故,产生瓦斯、煤尘爆炸。①炮眼内有煤粉、岩粉,使装入炮眼内的药卷不能紧贴在一起,或者药卷装不到底。在药卷之间、药卷和眼底之间,存在一段煤粉、岩粉,影响炸药能量的传递,以致产生残爆、拒爆,或爆燃或留下残眼,影响爆破效果。②煤粉是可燃物,极易被爆炸火焰燃烧,喷出孔外,有点燃瓦斯、煤尘的危险。③若煤粉参与炸药的爆炸反应,就会改变原有爆炸的氧平衡,成为负氧平衡,使爆生气体的一氧化碳量增高,影响人身健康。

④炮眼中存在煤粉、岩粉时,会导致药卷间不能紧密接触,使引药与炸药的聚能穴不能保持一个方向,使爆速和传爆能力降低,有可能产生爆燃和拒爆。

2 装药时,若用炮棍冲撞或捣实药卷,一是会使药卷变形、膨胀,一旦把药卷的包装捣破,影响炸药的爆破性能;二是改变装药密度,严重的可能导致半爆、拒爆;三是用炮棍捣实药卷,有可能捣破电雷管的脚线包皮或捣断脚线,采用正向装药时,起爆雷管是在最外一卷炸药内,如用力捣炸药卷则可能捣爆雷管,因此装药时要用木质或竹质炮棍将药卷轻轻推入,不得冲撞或捣实。

3 起爆方式按炮眼的装药结构有反向起爆和正向起爆。反向起爆是起爆药包位于柱状装药的里端,靠近或在炮眼底,雷管底部朝向炮眼口的起爆方法。正向起爆的起爆药包位于柱状装药的外端,靠近炮眼口,雷管底部朝向炮眼底的起爆方法,如图8-2所示。

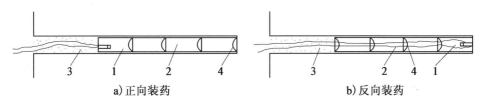

a) 正向装药　　　　　　　　b) 反向装药

图 8-2　正向起爆与反向起爆

1-起爆药卷;2-被动药卷;3-炮泥;4-聚能穴

由于反向起爆时,炸药的爆轰波和固体颗粒的传递与飞散方向是向着眼口的,当这些微粒飞过预先被气态爆炸产物所加热的瓦斯时,就很容易引爆瓦斯。

4 有水的炮眼,应使用抗水型炸药。煤矿许用水胶炸药和煤矿许用乳化炸药呈凝胶状,抗水性能强,一般在水中浸泡24h不影响爆破性能,使用方便简单。

8.2.5 瓦斯地层炮眼封堵必须符合下列规定:

1 炮眼封堵必须使用水炮泥,水炮泥外剩余的炮眼部分应采用黏土炮泥或其他不燃、可塑、松散材料制成的炮泥封实。

  2 炮眼封堵严禁采用煤粉、块状材料或其他可燃性材料。

  3 存在没有封堵、封堵不足或不实的炮眼时,严禁爆破。

  4 炮眼封堵长度应符合表8.2.5规定。

表8.2.5 炮眼封堵长度

炮眼深度 $L(\mathrm{m})$ 或炮眼类型	炮眼封堵长度 $d(\mathrm{m})$
光面爆破周边眼	≥0.3
$0.6 \leq L < 1.0$	≥$L/2$
$1.0 \leq L < 2.5$	≥0.5
$L \geq 2.5$	≥1.0

【释义】

  1~3 主要参照《煤矿安全规程》(2016年版)第三百五十八条规定:"炮眼封泥必须使用水炮泥,水炮泥外剩余的炮眼部分应当用黏土炮泥或者用不燃性、可塑性松散材料制成的炮泥封实。严禁用煤粉、块状材料或者其他可燃性材料作炮眼封泥。

  无封泥、封泥不足或者不实的炮眼,严禁爆破。

  严禁裸露爆破。"

  水炮泥是用塑料薄膜圆筒充水的一种炮眼充填材料,有下列优点:①炸药爆炸后,水炮泥的水由于爆炸气体的冲击作用形成一层水幕,起到了降低温度、缩短爆炸火焰延续时间的作用,从而减少了引爆瓦斯煤尘的可能性,有利于安全生产。②水炮泥爆裂后形成的水幕,有灭尘和吸收炮烟中有毒气体的作用,有利于改善工人劳动条件。据试验测定,用水炮泥煤尘浓度可降低近50%,二氧化碳含量可减少35%,二氧化氮含量可减少45%。水炮泥是一种安全、可靠的炮眼充填材料。但是只装水炮泥而不装黏土炮泥,因为水炮泥的直径小于炮眼直径,不能完全起到黏土炮泥的作用。水炮泥外剩余的炮眼部分应用黏土炮泥或用不燃性的、可塑性松散材料制成的炮泥封实。

黏土炮泥的作用,是将炸药爆炸产物(高温高压气体、火焰、管屑、未分解的药粉等)在短时间内密闭和阻挡在炮眼内,使爆生气体足以完成爆炸破碎、抛掷岩石(煤)的功能。当炸药在无封泥、封泥不足或不实的炮眼内爆炸时,爆生气体从眼口逸出,不但炸药的静压膨胀作用得不到充分利用,爆破效果不好,而且爆炸火焰及雷管碎屑从眼口喷出,直接与井下瓦斯煤尘接触,最容易引起瓦斯、煤尘爆炸,所以,无封泥、封泥不足或不实的炮眼,严禁爆破。

此外,加工炮泥时不能混入石子等块状材料,否则爆破时会造成飞石伤人毁物。采用煤粉或其他可燃性材料封堵会增大爆炸和燃烧灾害的风险,应当予以禁止。

4 炮眼封堵长度主要参照《煤矿安全规程》(2016年版)第三百五十九条规定:

"炮眼深度和炮眼的封泥长度应当符合下列要求:

(一)炮眼深度小于0.6m时,不得装药、爆破;在特殊条件下,如挖底、刷帮、挑顶确需进行炮眼深度小于0.6m的浅孔爆破时,必须制定安全措施并封满炮泥。

(二)炮眼深度为0.6~1m时,封泥长度不得小于炮眼深度的1/2。

(三)炮眼深度超过1m时,封泥长度不得小于0.5m。

(四)炮眼深度超过2.5m时,封泥长度不得小于1m。

(五)深孔爆破时,封泥长度不得小于孔深的1/3。

(六)光面爆破时,周边光爆炮眼应当用炮泥封实,且封泥长度不得小于0.3m。

(七)工作面有2个及以上自由面时,在煤层中最小抵抗线不得小于0.5m,在岩层中最小抵抗线不得小于0.3m。浅孔装药爆破大块岩石时,最小抵抗线和封泥长度都不得小于0.3m。"

8.2.6 瓦斯工区爆破网络和连线必须符合下列规定:

1 必须采用绝缘母线单回路爆破,严禁利用轨道、金属管、金属网、水或大地等作为爆破回路。

2 严禁将毫秒延期电雷管和瞬发电雷管接入同一串联网路中混合使用。

3 爆破母线与电缆、电线、信号线不应设在同一侧,不得不设在同一侧时,爆破母线应设在下方,且距离不小于 0.3m。母线应随用随设。

4 煤(岩)与瓦斯突出工区的瓦斯地层,起爆器宜设置在洞外。起爆器不能设在洞外时,应根据爆破安全距离、预计煤(岩)与瓦斯突出强度、通风系统等确定位置;起爆器应安装在新鲜风流中;起爆器 20m 范围以内风流中瓦斯浓度必须小于 1.0%。

5 一个开挖工作面严禁同时使用两台及两台以上起爆器起爆。一次装药不得分次起爆。

【释义】

1 主要参照《煤矿安全规程》(2016 年版)第三百六十四条规定:"(五)只准采用绝缘母线单回路爆破,严禁用轨道、金属管、金属网、水或者大地等当作回路。"

轨道、水沟或其他导电物体,极易受照明线、动力线的影响导入杂散电流,用它们作导体爆破,容易造成意外爆炸事故。"严禁用轨道、金属管、金属网、水或者大地等当作回路"是防爆安全、电气安全的要求,必须遵守。

2 与本规范第 8.2.2 条第 2 款同理,不同品种的电雷管,其电性能参数不同,同一串联网路中混合使用可能会出现瞎炮。

3 主要参照《煤矿安全规程》(2016 年版)第三百六十四条规定:"(四)爆破母线与电缆应当分别挂在巷道的两侧。如果必须挂在同一侧,爆破母线必须挂在电缆的下方,并保持 0.3m 以上的距离。"

主要是防止感应、杂散电流等外来电串入母线,引起雷管意外爆炸。

"母线应随用随设"参照《煤矿安全规程》(2016 年版)第三百六十四条规定:"(三)巷道掘进时,爆破母线应当随用随挂。不得使用固定爆破母线"。正常情况下不得使用固定爆破母线,主要是防止母线被剐蹭导致丢漏炮以及意外爆炸事故。

4 煤(岩)与瓦斯突出工区的瓦斯地层总体上爆破安全风险较高,因此各方面要求也较严格,起爆器设置在洞外就是为了进一步保证安全系数。

起爆器输出大电流或火花等遇到瓦斯可能发生灾害,因此规定起爆器安装在新鲜风流中是为了隔绝瓦斯,确保安全;起爆器20m以内风流中瓦斯浓度要求低于1.0%,与本规范表7.3.9中高瓦斯工区煤(岩)与瓦斯突出工区浓度限值1%相适应。

5 由于分次爆破间隔时间短,爆破后涌出的瓦斯不能及时被风流冲淡稀释,连续爆破造成瓦斯递增,形成瓦斯积聚,易发生瓦斯灾害。

8.2.7 瓦斯地层爆破作业应符合下列规定:

1 瓦斯地层段隧道爆破前,所有人员不得在爆破隧道内躲避。低瓦斯地层爆破前,爆破隧道内人员宜撤至非爆破隧道内或洞外;高瓦斯地层、煤(岩)与瓦斯突出地层爆破前,所有人员应撤至洞外;不能全部撤至隧道以外的,应在距离爆破工作面500m以外建临时避难洞室或设置可移动式救生舱躲避。

2 爆破前,爆破母线拉至规定起爆地点后,应检查电爆网路全电阻值。严禁采用起爆器打火放电方法检测电爆网路。

3 在有煤尘爆炸危险的煤层中,爆破前后,爆破地点附近20m应洒水降尘。

4 爆破后人员进场条件、瓦斯浓度限值应符合本规范第7.3.9条规定。

【释义】

1 "爆破隧道"是指爆破作业所在的隧道。双洞公路隧道中,如果在左线隧道爆破,此处的"爆破隧道"仅限于左线隧道,不包括右线隧道。

始终将人的生命安全放在第一位是安全生产的关键。低瓦斯地层爆破前,双洞施工时爆破隧道内人员撤至非爆破隧道内,单洞隧道撤至洞外,尽量满足安全需要用的是"宜";高瓦斯地层、煤(岩)与瓦斯突出地层爆破风险相对较高,所有人员撤至洞外的要求更严,用"应"。以上规定从安全管理的角度需尽量满足要求,实在有困难不能全部撤至隧道以外的,注意是"不能全部"而不是"不能"撤出,也就是说只允许部分人员在临时避难洞室或可移动式救生舱躲避。

临时避难洞室是指设置在爆破工作面附件或避难路线上,具有紧急避险功能的地下专用洞室,主要服务于爆破工作面及其附近区域。可移动式救生舱是指可通过牵引、吊装等方式实现移动,适应隧道爆破作业地点变化要求的避险设施。临时避难洞室和可移动式救生舱具备安全防护、氧气供给保障、有害气体去除、环境监测、通信、照明、人员生存保障等基本功能,在无任何外界支持的情况下额定防护时间不低于96h。

2 主要参照《煤矿安全规程》(2016年版)第三百六十六条规定:"每次爆破作业前,爆破工必须做电爆网路全电阻检测。严禁采用发爆器打火放电的方法检测电爆网路。"

网路全电阻是爆破母线电阻、连接线电阻、雷管和雷管脚线接头的接触电阻所构成的电阻之和。为可靠起爆,应先进行网路电阻的计算,在此基础上选择适当的发爆器。

电爆网路连接完毕后,必须使用专门的导通仪对总电阻进行检测,并将实测值与设计电阻值进行比较。一般情况下,网路总电阻误差不得超过设计总电阻的5%,否则,说明爆破网路中有短路、漏连线或漏电处,应对网路进行全面检查,直到电阻合格。另外,由于网路中常因雷管脚线间的短路和雷管脚线接头接地短路及电爆网路连接不合理或有错连、漏连等现象产生拒爆,为了确保一次连线全部起爆,必须进行爆破前网路导通检查。

应用电桥仪、导通表等检查电爆网路的全电阻,爆破线路电桥仪测电阻的范围是0.2~50Ω,工作电流远小于电雷管的安全电流,导通表的导通电流只有几十微安,均可确保电雷管导通测量时绝对安全。

用发爆器打火通电检测电爆网路时,发爆器打火通电,在电爆网路炸开瞬间会产生电火花或造成网路连接线与爆破母线接头短路、接触不牢,通电后瞬间产生的电火花可能导致爆破网路不通,也可能导致连线炮眼发生意外爆炸事故,还可能引起瓦斯、煤尘燃烧爆炸。因此必须严禁用发爆器打火的方式检测电爆网路。

3 主要参照《煤矿安全规程》(2016年版)第三百六十二条规定:"在有煤尘爆炸危险的煤层中,掘进工作面爆破前后,附近20m的巷道内必须洒水降尘。"

规定在爆破前对爆破地点前后20m范围内进行洒水降尘,一是为了降低空气中煤尘浓度,二是增加煤尘含水量,惰化煤尘活性,提高煤尘的引爆温度。一般来讲,掌子面爆破在爆破后20m范围进行洒水降尘,下导仰拱等其他位置爆破在爆破前方和后方20m范围进行洒水降尘。

8.2.8 盲炮处理应符合现行《爆破安全规程》(GB 6722)的相关规定。

【释义】

《爆破安全规程》(GB 6722)关于盲炮与隧道相关的处理规定如下:
"6.9.1 一般规定

6.9.1.1 处理盲炮前应由爆破技术负责人定出警戒范围,并在该区域边界设置警戒,处理盲炮时无关人员不许进入警戒区。

6.9.1.2 应派有经验的爆破员处理盲炮,硐室爆破的盲炮处理应由爆破工程技术人员提出方案并经单位技术负责人批准。

6.9.1.3 电力起爆网路发生盲炮时,应立即切断电源,及时将盲炮电路短路。

6.9.1.4 导爆索和导爆管起爆网路发生盲炮时,应首先检查导爆索和导爆管是否有破损或断裂,发现有破损或断裂的可修复后重新起爆。

6.9.1.5 严禁强行拉出炮孔中的起爆药包和雷管。

6.9.1.6 盲炮处理后,应再次仔细检查爆堆,将残余的爆破器材收集起来统一销毁;在不能确认爆堆无残留的爆破器材之前,应采取预防措施并派专人监督爆堆挖运作业。

6.9.1.7 盲炮处理后应由处理者填写登记卡片或提交报告,说明产生盲炮的原因、处理的方法、效果和预防措施。

6.9.3 浅孔爆破的盲炮处理

6.9.3.1 经检查确认起爆网路完好时,可重新起爆。

6.9.3.2 可钻平行孔装药爆破,平行孔距盲炮孔不应小于0.3m。

6.9.3.3 可用木、竹或其他不产生火花的材料制成的工具,轻轻地将炮孔内填塞物掏出,用药包诱爆。

6.9.3.4 可在安全地点外用远距离操纵的风水喷管吹出盲炮填塞物及炸药,但应采取措施回收雷管。

6.9.3.5 处理非抗水类炸药的盲炮,可将填塞物掏出,再向孔内注水,使其失效,但应回收雷管。

6.9.3.6 盲炮应在当班处理,当班不能处理或未处理完毕,应将盲炮情况(盲炮数目、炮孔方向、装药数量和起爆药包位置,处理方法和处理意见)在现场交接清楚,由下一班继续处理。

6.9.5 硐室爆破的盲炮处理

6.9.5.1 如能找出起爆网路的电线、导爆索或导爆管,经检查正常仍能起爆者,应重新测量最小抵抗线,重划警戒范围,连接起爆。

6.9.5.2 可沿竖井或平硐清除填塞物并重新敷设网路连接起爆,或取出炸药和起爆体。"

9 电气设备与作业机械

9.1 一般规定

9.1.1 瓦斯工区电气设备、作业机械配置应符合下列规定：

1 高瓦斯工区、煤(岩)与瓦斯突出工区的电气设备和作业机械应使用矿用防爆型。

2 低瓦斯工区的电气设备应使用矿用一般型，作业机械可按非瓦斯工区配置。

3 微瓦斯工区的电气设备和作业机械可按非瓦斯工区配置。

【释义】

电气设备通常包括高低压电机、馈电开关、照明灯具、电铃、电缆接线盒、按钮、通信、自动化装置和仪表仪器等。矿用防爆型设备铸有"Ex"字样，适用于有瓦斯爆炸危险的场所。矿用一般型电气设备铸有"KY"字样，适用于没有瓦斯、粉尘爆炸危险的场所。《煤矿安全规程》(2016年版)第四百四十一条规定瓦斯突出矿井和瓦斯喷出区域的井下电气设备均采用矿用防爆型，高瓦斯矿井除井底车场、中央变电所、总进风巷、主要进风巷的高低压电机和电气设备外，其余地点和电气设备需使用矿用防爆型。低瓦斯矿井除在井底车场、中央变电所、总进风巷、主要进风巷使用的固定设备可采用矿用一般型外，其余地点的设备均为矿用防爆型。

第四百四十一条规定电气设备选型见表9-1。

公路隧道施工类似煤矿中巷道掘进，参考煤矿安全规程规定高瓦斯工区、煤(岩)与瓦斯突出工区的电气设备和作业机械应使用矿用防爆型。低瓦斯工区要求任意处瓦斯浓度低于0.5%，瓦斯爆炸风险低，电气设备可使用矿用一般型。作业机械按非瓦斯工区配置，但设置便携式甲烷报警仪,当瓦斯浓度超过 0.5% 时,停止作业机械运行,可以保证施工安全。微瓦斯工区要求任意处瓦斯浓度低于 0.25%,存在安全冗余量,实践表明在加强瓦斯监测、保证施工通风的条件下,能保证施工安全,规定电气设备和作业机械可按非瓦斯工区配置,能提高施工效率,降低建设成本。

表 9-1 《煤矿安全规程》(2016 年版)规定井下电气设备选型要求

设备类别	突出矿井和瓦斯喷出区域	高瓦斯矿井、低瓦斯矿井				
		井底车场、中央变电所、总进风巷和主要进风巷		翻车机硐室	采区进风巷	总回风巷、主要回风巷、采区回风巷、采掘工作面和工作面进、回风巷
		低瓦斯矿井	高瓦斯矿井			
1.高低压电机和电气设备	矿用防爆型(增安型除外)	矿用一般型	矿用一般型	矿用防爆型	矿用防爆型	矿用防爆型(增安型除外)
2.照明灯具	矿用防爆型(增安型除外)	矿用一般型	矿用防爆型	矿用防爆型	矿用防爆型	矿用防爆型(增安型除外)
3.通信、自动控制的仪表、仪器	矿用防爆型(增安型除外)	矿用一般型	矿用防爆型	矿用防爆型	矿用防爆型	矿用防爆型(增安型除外)

9.1.2 低瓦斯工区、高瓦斯工区、煤(岩)与瓦斯突出工区电缆、电缆连接及敷设等应采取防爆措施;微瓦斯工区的电缆、电缆连接及敷设等可不采取防爆措施。

【释义】

电缆连接和敷设完成后要换装非常困难,对工期也不利,瓦斯地层施工时已施工区段处于回风流中,从提高安全和便于今后瓦斯工区类别变化时不需要重新敷设的方面考虑,要求低瓦斯工区、高瓦斯工区、煤(岩)与瓦斯突出工区电缆、电缆连接及敷设等应采取防爆措施。

9.1.3 瓦斯工区内的瓦斯地层施工完成前,电气设备应按最高瓦斯工区类别配置;当全部瓦斯地层施工完成后,后续的电气设备和作业机械可按检测评定结果配置。

【释义】

高瓦斯工区及煤(岩)与瓦斯突出工区采用矿用防爆型电气设备,低瓦斯工区采用矿用一般型电气设备是为了防止电气设备工作时产生火花引爆瓦斯。瓦斯工区内的瓦斯地层施工完成前,已施工段落瓦斯工区类别处于动态变化过程,未按最高瓦斯工区类别配置电气设备的区段转换为最高瓦斯工区时,存在安全风险,并且相对固定的电气设备二次换装调整影响施工安全,增加施工管理难度和工程造价,因此规定电气设备应按最高瓦斯工区类别配置。本条后半句是对本规范第3.2.5条的细化规定,特别是当瓦斯地层只分布于洞口段时,瓦斯工区内的瓦斯地层全部施工完毕,经检测评定确认不存在瓦斯时,后续电气设备可以降低配置要求,以降低隧道建设成本。

9.1.4 瓦斯工区内使用的防爆电气设备和作业机械,除应进行日常检查外,尚应定期检查维护。

【释义】

瓦斯工区内使用的防爆电气设备和作业机械防爆性能要求高,出现问题时安全风险大,因此强调日常检查基础上还应参照煤矿行业要求对设备和机械定期检查维护。

9.1.5 瓦斯工区内不得带电检修电气设备,高瓦斯工区、煤(岩)与瓦斯突出工区内不得进行作业机械拆卸和修理。

【释义】

带电检修电气设备时容易产生火源,瓦斯隧道内安全风险高,因此要求不得带电检修电气设备。高瓦斯工区、煤(岩)与瓦斯突出工区要求作业机械采取防爆措施,常用的措施包括改装发电机、启动机,将各类操纵开关安装在隔爆箱内,排气口安装阻火器,表面采用隔热材料等,拆卸和维修过程中容易失去防爆功能,且有可能产生火源,因此,为降低高瓦斯工区、煤(岩)与瓦斯突出工区施工风险,规定洞内不得进行设备拆卸和修理等。

9.2 电气设备

9.2.1 瓦斯工区内各级配电电压和各种机电设备额定电压等级应符合下列规定:

1 高压不大于10 000V,低压不大于1 140V。

2 照明、信号、电话和手持式电气设备的供电额定电压,低瓦斯工区不大于220V,高瓦斯工区、煤(岩)与瓦斯突出工区不大于127V。

3 远距离控制线路的额定电压和手灯等移动式照明灯具电压不大于36V。

【释义】

制定本条的目的是规范各类设备的电压等级,确保电气设备使用及人身安全。

《煤矿安全规程》(2016年版)第四百四十五条规定:"井下各级配电电压和各种电气设备的额定电压等级,应当符合下列要求:(一)高压不超过10 000V。(二)低压不超过1 140V。(三)照明和手持式电气设备的供电额定电压不超过127V。(四)远距离控制线路的额定电压不超过36V。"

公路瓦斯隧道参照《煤矿安全规程》(2016年版)的规定,要求高瓦斯工区、煤(岩)与瓦斯突出工区照明、信号、电话和手持式电气设备的供电额定电压不大于127V,而低瓦斯工区瓦斯浓度不得高于0.5%,供电额定电压要求不应大于220V。

9.2.2 瓦斯工区供电应符合下列规定:

1 高瓦斯工区和煤(岩)与瓦斯突出工区供电应配置两路独立电源,且任一路电源线上均不得分接隧道以外的任何负荷。不能配置两路独立电源而采用单回路供电时,应配备满足一级负荷供电的备用电源,并在公用电网断电 **10min** 内启动。隧道洞内电源线路上不得装设负荷定量器等各种限电断电装置。

2 由隧道洞外中性点直接接地的变压器或发电机不得直接向瓦斯工区内供电。瓦斯工区内的配电变压器中性点不得直接接地。

3 瓦斯工区内不得使用油浸式高低压电气设备,如油断路器、带油的启动器和一次线圈为低压的油浸变压器。

4 电气设备均不应超过额定值运行,隧道内高压电网单相接地电容的电流不应超过 **10A**。

5 瓦斯工区内供电的高、低压馈电线上不得装设自动重合闸装置。

6 瓦斯工区应风电闭锁。

7 容易碰到的、裸露的电气设备及机械外露的转动和传动部分,应加装护罩或遮栏等防护设施。

8 隧道洞外地面变电所高压馈电线上,应装设有选择性的单相接地保护装置;供隧道洞内移动变电站的高压馈电线不得单相接地运行,应装设有选择性的动作于跳闸的单相接地保护装置。当发生单向接地时,应立即切断电源。

9 隧道洞内低压馈电线上,应装设能自动切断漏电线路的检漏保护装置或有选择性漏电保护装置。

【释义】

1 参照《煤矿安全规程》(2016年版)第四百三十六条规定:"矿井

应当有两回路电源线路(即来自两个不同变电站或者来自不同电源进线的同一变电站的两段母线)。当任一回路发生故障停止供电时,另一回路应当担负矿井全部用电负荷。区域内不具备两回路供电条件的矿井采用单回路供电时,应当报安全生产许可证的发放部门审查。采用单回路供电时,必须有备用电源。备用电源的容量必须满足通风、排水、提升等要求,并保证主要通风机等在10min内可靠启动和运行。……矿井电源线路上严禁装设负荷定量器等各种限电断电装置。"

高瓦斯工区和煤(岩)与瓦斯突出工区施工安全风险高,因此要求相对更严。规定应有两路独立电源,这两回电源线路来自两个不同方向的变电站,不同方向的变电站应是独立的电网电源(发电厂)。目的是保证一回路故障后,另一回路必须担负起隧道的全部负荷。供电电源线路上不得分接任何负荷的要求是为了保证供电可靠性,电源线路上分接其他负荷,就会增大此线路故障跳闸的可能性,对施工安全构成威胁,会造成通风机停止通风、瓦斯积聚等安全隐患。

负荷定量器等各种限电断电装置的作用,是当用电最高负荷超过线路或电力部门限定的负荷量时,自动使电源停止供电。在电源线路上装设负荷定量器等各种限电断电装置,将增加隧道突然中断供电的概率,易造成通风、监测等系统的瘫痪,对隧道安全造成不利影响。

2 参照《煤矿安全规程》(2016年版)第四百四十条规定:"严禁井下配电变压器中性点直接接地。严禁由地面中性点直接接地的变压器或者发电机直接向井下供电。"

制定本款的目的是保证供电安全和人身安全。配电变压器中性点直接接地的危害主要有3个:一是一旦发生人体触电时其触电电流相对于中性点不接地系统来说大许多倍,对人员生命构成威胁;二是单相接地时形成单相短路,单相短路的电流很大,可引起变压器、供电设备及线路损坏事故或爆炸着火事故,同时接地点产生很大的电弧,有可能引起瓦斯、煤尘爆炸事故;三是接地点的高电位、大地中的大电流有可能引发电雷管超前引爆,这些事故的后果极为严重。

3 参照《煤矿安全规程》(2016年版)第四百五十条规定:"井下严禁使用油浸式电气设备。"

油浸式电气设备在隧道内使用时较易发生漏油、溢油故障,当电气设备所带负荷较大时,会发生绝缘下降的问题,又增加设备喷油或火灾事故的可能性。

4 参照《煤矿安全规程》(2016年版)第四百三十七条规定:"电气设备不应超过额定值运行。"第四百五十三条规定:"矿井6 000V及以上高压电网,必须采取措施限制单相接地电容电流,生产矿井不超过20A,新建矿井不超过10A。"

主要是严禁低电压等级的电气设备用到高一级电压等级的电气设备上,目的是保证电气设备安全可靠运行,防止因电气设备超过铭牌所标出的标称值运行,造成电气设备过热,进而加剧绝缘老化,损坏设备,引起电气事故。

5 参照《煤矿安全规程》(2016年版)第四百五十四条规定:"直接向井下供电的馈电线路上,严禁装设自动重合闸。"

隧道内由于漏电、短路等原因造成的电气故障,在没有切除的情况下,自动重合闸有可能引起电气火灾或设备损坏,甚至会引起大面积越级跳闸,造成隧道大面积停电,对隧道安全造成严重威胁。

"自动重合闸"装置是指线路上的开关因故障自动跳开后能使开关重新合闸,迅速投入运行的一种自动装置。

6 参照《煤矿安全规程》(2016年版)第一百六十四条规定:"使用局部通风机供风的地点必须实行风电闭锁和甲烷电闭锁。"

7 参照《煤矿安全规程》(2016年版)第四百四十四条规定:"容易碰到的、裸露的带电体及机械外露的转动和传动部分必须加装护罩或者遮栏等防护设施。"

制定本款的目的是防止人员意外接触带电体造成人身触电伤害,或接触传动和转动体造成机械伤害。

8、9 参照《煤矿安全规程》(2016年版)第四百五十三条规定:"井上、下变电所的高压馈电线上,必须具备有选择性的单相接地保护;向移动变电站和电动机供电的高压馈电线上,必须具有选择性的动作于跳闸的单相接地保护。井下低压馈电线上,必须装设检漏保护装置或者有选择性的漏电保护装置,保证自动切断漏电的馈电线路。"第四百四十四条规定:"容易碰到的、裸露的带电体及机械外露的转动和传动部分必须加装护罩或者遮栏等防护设施。"

制定这两款的目的是:①防止因高压电网单相接地故障,造成人身触电,电气火灾,引燃引爆瓦斯、煤尘,提前引爆电雷管等事故。②防止因高压电网单相接地故障,引起过电压,导致电缆、电容器等电气设备绝缘击穿,损害电网安全运行的恶性事故,当发生高压电网单相接地故障时,及时准确地选出发生故障的线路,发出信号或切除故障线路。③防止隧道低压电网因漏电故障,造成人身触电事故,当发生漏电故障时,能够迅速准确地切除故障线路,以确保人身安全和缩小停电范围。

9.2.3 照明供电应符合下列规定:

1 分路动力开关与照明开关应分别设置,照明线路接线应接在动力开关的上侧。

2 配电应设具有短路、过载和漏电保护的照明信号综合保护装置,并应用分支专用电缆和防爆接线盒接入照明灯具。

【释义】

《煤矿安全规程》(2016年版)第四百七十四条规定:"井下照明和信号的配电装置应当具有短路、过负荷和漏电保护的综合保护功能。"照明线路和信号线路易发生挤压、撞碰,所以必须有短路保护和漏电保护。因照明均为单项负载,为了保护干式变压器不至于过载,必须有过负荷保护。

参考《施工现场临时用电安全技术规范》(JGJ 46—2005)和《建设工程施工现场供用电安全规范》(GB 50194—2014),结合瓦斯施工安全要求,补充了动力开关和照明开关的设置要求,制定本条。

9.2.4 固定照明灯具的选用,应符合下列规定:

1 采用压入式通风时,已衬砌地段的固定照明灯具,采用 Exd Ⅱ 型防爆照明灯;开挖工作面附近、未衬砌地段的移动照明灯具,采用 Exd Ⅰ 型矿用防爆照明灯。

2 采用巷道式通风时,进风巷道已衬砌地段采用 Exd Ⅱ 型防爆照明灯;开挖工作面附近、未衬砌地段及回风巷道内的照明灯具,采用 Exd Ⅰ 型矿用防爆照明灯。

【释义】

Exd Ⅰ 型矿用防爆照明灯为隔爆型最高防爆等级,能在煤矿行业易燃易爆场所使用。Exd Ⅱ 型矿用防爆照明灯可用于ⅡA、ⅡB、ⅡC 类气体环境。Ⅱ类电气设备用于除煤矿瓦斯之外的其他爆炸性气体环境,ⅡA 类,代表气体是丙烷;ⅡB 类,代表气体是乙烯;ⅡC 类,代表气体是氢气。因此针对压入式通风和巷道式通风提出了不同的防爆照明灯要求。Exd Ⅰ 型和 Exd Ⅱ 型矿用防爆照明灯市场价格差异不大,也可均使用 Exd Ⅰ 型矿用防爆照明灯。

9.2.5 移动照明灯具的选用,应符合下列规定:

1 移动照明应使用矿灯,并配置专用矿灯充电装置。

2 洞内开挖支护、仰拱施作、防水板铺设及二次衬砌浇筑等工序作业照明亮度要求较高处,可配置移动隔爆型投光灯。

【释义】

矿灯适用于存在易燃易爆可燃气体的环境中安全照明、抢险救灾照明,瓦斯隧道施工中要求移动照明使用矿灯。对照明亮度要求较高处,可以配置移动隔爆型投光灯,保证照明安全。

案例:重庆南道高速公路马嘴瓦斯隧道已衬砌地段的固定照明灯具采用 ExdⅡ型防爆照明灯,开挖工作面附近、未衬砌地段的移动照明灯具采用 ExdⅠ型矿用防爆照明灯,移动照明使用矿灯,照明亮度要求较高处配置移动隔爆型投光灯。

9.2.6 电缆的选用应符合下列规定:
1 应采用铜芯电缆。
2 应带供保护接地用的足够截面的导体。
3 主线芯的截面应满足供电线路负荷要求。

【释义】

本条是对电缆选用的总体要求,后面第9.2.7、9.2.8条分别对高压电缆、低压电缆进行规定。

1 《煤矿安全规程》(2016年版)第四百六十三条规定:"3.在进风斜井、井底车场及其附近、中央变电所至采区变电所之间,可以采用铝芯电缆;其他地点必须采用铜芯电缆。"

与铝芯电缆相比,铜芯电缆电阻率低、导电性能好,表面不易产生破坏接触面的氧化物,有足够的机械强度,并且铝的氧化热远远大于铜的氧化热,对于同样尺寸的试验材料,铝的氧化热比铜大5.5倍;铝芯电缆短路放炮时比铜芯电缆引发瓦斯、煤尘爆炸事故的概率高。使用铜芯电缆能更好保证瓦斯隧道内供电线路的安全可靠,考虑到公路瓦斯隧道单独的进风斜井和地下变电所情况较少,从安全角度规定电缆均应采用铜芯电缆。

2、3 《煤矿安全规程》(2016年版)第四百六十三条规定:"(一)电缆主线芯的截面应当满足供电线路负荷的要求。电缆应当带有供保护接地用的足够截面的导体。"

电缆主线芯的截面应满足供电线路负荷的要求,一是满足负荷电流在经济电流密度运行,电流密度过高易引起电缆过热,绝缘提前老化,过小则造成投资浪费;二是应按系统压降校验,应满足电气设备运行、启动时压降符合相关规定;三是校验电气系统在最大运行方式下三相短路的最小截面积,严禁电缆超负荷运行,以免电缆接头或电缆绝缘老化部位的损坏,造成电缆接地甚至短路事故。

9.2.7 高压电缆的选用应符合下列规定:

1 在隧道、平导或倾角为45°以下的斜井内敷设的固定高压电缆,应采用煤矿用钢带或细钢丝铠装电力电缆;在竖井或倾角为45°及45°以上斜井内敷设的固定高压电缆,应采用煤矿用粗钢丝铠装电力电缆。

2 非固定敷设的高压电缆,应采用煤矿用橡套软电缆。

【释义】

1 《煤矿安全规程》(2016年版)第四百六十三条规定:"1. 在立井井筒或者倾角为45°及其以上的井巷内,应当采用煤矿用粗钢丝铠装电力电缆。2. 在水平巷道或者倾角在45°以下的井巷内,应当采用煤矿用钢带或者细钢丝铠装电力电缆。"

钢带或细钢丝铠装电力电缆能承受一般的拉力,适合在隧道、平导或者倾角在45°以下的斜井内使用,起抗压或抗张保护作用。

竖井敷设的电缆成悬垂状态,在重力作用下将会被拉伸,选用粗钢丝铠装能承受较大的拉力,起抗压、抗砸或抗张保护作用。

2 《煤矿安全规程》(2016年版)第四百六十三条规定:"(四)非固定敷设的高低压电缆,必须采用煤矿用橡套软电缆。移动式和手持式电气设备应当使用专用橡套电缆。"

非固定敷设的高低压电缆,适用于随洞内作业工序变化等电缆需要迁移的场所,选用矿用橡套电缆是因为其柔软、轻便,且橡皮护套的强度、弹性、柔软性较高,适合频繁移动。

9.2.8 低压电缆的选用应符合下列规定:

1 固定敷设的低压电缆，应采用煤矿用铠装、非铠装电力电缆或对应电压等级的煤矿用橡套软电缆。

2 非固定敷设的低压电缆，应采用煤矿用橡套软电缆。

3 移动式和手持式电气设备应使用专用橡套电缆。

【释义】

1 参照《煤矿安全规程》（2016年版）第四百六十三条规定："（三）固定敷设的低压电缆，应当采用煤矿用铠装或者非铠装电力电缆或者对应电压等级的煤矿用橡套软电缆。"

2、3 参照第四百六十三条第（四）款规定："（四）非固定敷设的高低压电缆，必须采用煤矿用橡套软电缆。移动式和手持式电气设备应当使用专用橡套电缆。"

重庆南道高速公路马嘴瓦斯隧道内高压电缆选用原则为：对固定敷设的高压电缆，应采用聚氯乙烯绝缘钢带或细钢丝铠装聚氯乙烯护套电力缆、交联带或细钢丝铠装聚氯乙烯护套电力缆、交联带或细力电缆；非固定敷设的高压电缆，应采用符合MT818标准的橡套软电缆；移动变电站应采用监视型屏蔽橡套电缆。

隧道内低压动力电缆选用原则为：固定敷设的低压电缆，应采用MVV（矿用聚氯乙烯绝缘聚氯乙烯护套）铠装、非铠装电缆或对应低压等级的移动橡套软电缆；非固定敷设的低压电缆，应采用符合MT818标准的橡套软电缆。移动式和手持式电气设备应使用专阻燃橡套电缆；开挖面的电缆严禁采用铝芯，应采用铜芯橡套软电缆；固定敷设的照明、通信号和控制用的电缆，应采用铠装或非铠装通信电缆、橡套电缆或MVV型塑力缆（塑料绝缘电力电缆）。

9.2.9 电缆的固定敷设应符合下列规定：

1 电缆应悬挂。电缆悬挂点间的距离，在竖井内不得大于**6m**，在正洞、平行导坑或斜井内不得大于**3m**。

9 电气设备与作业机械

2 电缆不应与风、水管敷设在同一侧,当受条件限制需敷设在同一侧时,应敷设在管子的上方,其间距应大于 0.3m。

3 通信和信号电缆应与电力电缆分挂在隧道两侧。条件受限时,竖井内应敷设在距电力电缆 0.3m 以外的地方,主洞或平行导坑内应敷设在电力电缆上方 0.1m 以上的地方。

4 电力电缆敷设在同一侧时,其间距应大于 0.2m。

5 有瓦斯抽、排管路时,瓦斯抽、排管路与电缆应分挂在隧道两侧。

【释义】

1 《煤矿安全规程》(2016 年版)第四百六十四条规定:"(四)电缆悬挂点间距,在水平巷道或者倾斜井巷内不得超过 3m,在立井井筒内不得超过 6m。"

悬挂点间距的规定,是为防止电缆受力过大损伤电缆绝缘。

2~5 参照《煤矿安全规程》(2016 年版)第四百六十五条规定:

"电缆不应悬挂在管道上,不得遭受淋水。电缆上严禁悬挂任何物件。电缆与压风管、供水管在巷道同一侧敷设时,必须敷设在管子上方,并保持 0.3m 以上的距离。在有瓦斯抽采管路的巷道内,电缆(包括通信电缆)必须与瓦斯抽采管路分挂在巷道两侧。盘圈或者盘'8'字形的电缆不得带电,但给采、掘等移动设备供电电缆及通信、信号电缆不受此限。

井筒和巷道内的通信和信号电缆应当与电力电缆分挂在井巷的两侧,如果受条件所限:在井筒内,应当敷设在距电力电缆 0.3m 以外的地方;在巷道内,应当敷设在电力电缆上方 0.1m 以上的地方。

高、低压电力电缆敷设在巷道同一侧时,高、低压电缆之间的距离应当大于 0.1m。高压电缆之间、低压电缆之间的距离不得小于 50mm。"

制定本条的目的是,通过明确电缆与各种管路、信号电缆与电力电缆及高、低压电缆相互之间的吊挂位置关系,确保各种电缆能安全、可靠运行。

电缆必须敷设在管子的上方,是为了避免管子下落砸坏电缆,保持

0.3m 以上距离是为了方便管路检修不影响电缆的供电,且管路损坏后含有油的压缩空气或水不会喷溅到电缆或接线盒上。

电力电缆与通信和信号电缆悬挂。电力电缆与通信和信号电缆应分别悬挂在隧道的两侧,万一电力电缆发生短路放炮,甚至着火故障和隧道冒顶,电力电缆与通信电缆将同时受到影响,使隧道供电、通信和信号同时中断,不但影响洞内作业安全,也影响故障的处理,因此隧道内的通信和信号电缆应与电力电缆分挂在隧道的两侧。受条件所限同侧布设时规定距离,原因是电力电缆电流大,磁场干扰大,为了不影响隧道的通信,故规定电力电缆与通信和信号电缆的距离:在竖井内不小于0.3m,在隧道及平导内不小于0.1m。

高低压电缆悬挂。高低压电缆之间、高压电缆之间、低压电缆之间的距离要求,是为了避免一条动力电缆出现短路事故时殃及相邻电缆。考虑到隧道空间比煤矿巷道大,且出于安全考虑,在煤矿基础上适当提高了电力电缆敷设最小间距至0.2m。

在有瓦斯抽排管路的隧道内,电缆与瓦斯抽采管路分挂在隧道两侧,是为了避免因电缆漏电产生火花,引爆或引燃瓦斯。

9.2.10 电缆的连接应满足下列要求:

1 电缆与电气设备连接时,电缆芯线应使用齿形压线板(卡爪)、线鼻子或快速连接器与电气设备连接。

2 不同型电缆之间严禁直接连接,应通过符合要求的接线盒、连接器或母线盒进行连接。

3 同型橡套电缆的修补连接应采用阻燃材料进行硫化热补或与热补有同等效能的冷补,并应进行浸水耐压试验,合格后方可使用。

【释义】

《煤矿安全规程》(2016年版)第四百六十八条规定:"(一)电缆与电气设备连接时,电缆线芯必须使用齿形压线板(卡爪)、线鼻子或者快速连接器与电气设备进行连接。(二)不同型电缆之间严禁直接连接,必须经过符合要求的接线盒、连接器或者母线盒进行连接。(三)同型橡套电缆的修补连接(包括绝缘、护套已损坏的橡套电缆的修补)必须采用阻燃材料进行硫化热补或者与热补有同等效能的冷补。在地面热补或者冷补后的橡套电缆,必须经浸水耐压试验,合格后方可下井使用。"

制定本条的目的是,通过规定电缆与电气设备的连接、不同型电缆之间的连接及同型电缆之间的连接方式,确保电缆连接后能安全、可靠的使用。

1 电缆线芯与电气设备的连接,如果把电缆线芯做菊花头与接线端子连接,容易出现接触面积小,压力不够均匀,电缆连接处易松动等问题,导致接线柱和电缆头发热,烧毁接线柱,造成断相、接地和短路等故障。因此电缆与电气设备连接时必须使用齿形压线板(卡爪)、线鼻子或者快速连接器等满足安全使用的材料进行连接。

2 不同型电缆的封端方式不同、材料导体不同,若直接连接会使电缆连接点绝缘防护强度下降、导电能力变差、连接点电阻增大,会发热烧伤,另外不同型的电缆直接连接,在使用中也容易造成混乱。因此不同型电缆的连接,必须使用接线盒、连接器或母线盒,否则将会降低电缆的防护性能,失去防护意义,构成安全隐患。

3 同型电缆之间连接。橡套电缆的修补必须使用阻燃材料进行硫化热补或者与热补有同等效能的冷补,且在地面修补后必须做浸水耐压试验,合格后方可下井使用,以满足瓦斯隧道特殊环境的使用要求。电缆的浸水试验做法:修补后的电缆浸水时间不少于1h[《煤矿电工手册》第二分册矿井供电(下)],电缆的两个端头伸出水面长度应不小于200mm,不同型号电缆的耐压试验标准按国标执行。

9.2.11 隧道内电压在36V以上和可能带有危险电压的电气设备的金属外壳、构架,铠装电缆的钢带(丝)、屏蔽护套等应保护接地。保护接地应符合下列规定:

1 隧道内电气设备保护接地装置和局部接地装置,应与主接地极连接成1个独立的接地网。

2 接地网上任一保护接地点的接地电阻值不得超过2Ω。每一移动式和手持式电气设备与接地网间的保护接地,所用的电缆芯线和接地连接导线的电阻值不得超过1Ω。

3 专用保护接地线不得断线,且不得安装任何开关或熔断器。

【释义】

《煤矿安全规程》(2016年版)第四百七十五条规定:"电压在36V以上和由于绝缘损坏可能带有危险电压的电气设备的金属外壳、构架,铠装电缆的钢带(钢丝)、铅皮(屏蔽护套)等必须有保护接地。"

制定本条的目的是,预防人身触电,减少人身触电概率。保护接地是以安全为目的,在设备、装置或系统上设置的一点或多点接地;人体触及交流电压36V以上带电导体时都存在触电危险,因而要求电压在36V以上电气设备的金属外壳、构架,铠装电缆的钢带(或钢丝)、铅皮或屏蔽护套等必须有保护接地。煤矿要求井下所有36V以上带电体的外壳、电缆接地芯线、铠装电缆的钢带(钢丝)、铅皮、橡套电缆屏蔽护套等通过接地极、局部接地极、接地母线、局部接地母线形成完整的保护接地网,并限定在一定的阻值内,通过保护接地的分流作用最大限度降低和减少人员触电后通过人身上的电流,起到保护人身安全的作用。保护接地与系统漏电配合,漏电保护及时地跳开漏电回路,切断漏电,最大限度减少人身触电的时间。

1 《煤矿安全规程》(2016年版)第四百七十七条规定:"所有电气设备的保护接地装置(包括电缆的铠装、铅皮、接地芯线)和局部接地装置,应当与主接地极连接成1个总接地网"。

形成1个总的独立接地网的原因,主要基于3方面考虑:一是某一个接地极(主接地极、局部接地极、辅助接地极)受到损坏失去作用时,由于总接地网的整体接地作用,仍然可以保障与损坏接地极(主接地极、局部接地极、辅助接地极)相连的电气设备不失去保护接地的功能。二是总接地网实质上就是所有的保护接地体都并联成一体。三是在连接成总的独立接地网的各设备中,一旦有2台或2台以上的设备金属外壳与不同相的电源之间发生绝缘损坏事故时,则将通过连成一体的接地网流过很大短路电流,使短路保护装置动作,及时切断故障电路,防止事故的持续蔓延。

2 《煤矿安全规程》(2016年版)第四百七十六条规定:"任一组主接地极断开时,井下总接地网上任一保护接地点的接地电阻值,不得超过2Ω。每一移动式和手持式电气设备至局部接地极之间的保护接地用的电缆芯线和接地连接导线的电阻值,不得超过1Ω。"

制定本款的目的是,被保护体发生漏电故障时,通过保护接地网,把漏电电流通过接地网导入大地,同时将带电的设备电位与大地的电位差降低,减轻人体触电时的危害程度。

主接地极断开任一组,在煤矿井下总接地网上任一保护接地点所测到的接地电阻值不大于2Ω。保护接地的保护原理是当人身触及带电设备的金属外壳时,电流将通过人体和接地电阻并联入地,再通过电网绝缘电阻流回电源。由于接地电阻比人体电阻小得多,所以大部分电流通过接地电阻入地,而人体仅有很小的电流通过。如通过人体的电流小于极限安全电流(30mA),就可以保障人身安全。

移动式和手持式电气设备外壳没有接地极,漏电时通过内接地、电缆接地线、供电设备的接地极流入大地,为了限制移动工具和手持式电气设备的漏电接地电压,要求移动式和手持式电气设备到局部接地极之间的保护接地用的电缆芯线和接地连接导线的电阻值不得超过1Ω。

3 规定专用保护接地线不允许断线,不允许安装任何开关或熔断器,目的就是确保接地持续有效。

9.2.12 避雷接地措施应满足下列要求:

1 由地面架空线路引入隧道内的供电线路(动力电缆、照明电缆、瓦斯监控信号电缆、通信电缆等),应在隧道洞口处装设避雷装置。

2 由地面直接进入隧道内的轨道和露天架空引入(出)的风、水等管路,应在隧道洞口附近将金属体进行不少于2处的良好集中接地。

【释义】

参照《煤矿安全规程》(2016年版)第四百五十五条规定:"(一)经由地面架空线路引入井下的供电线路和电机车架线,必须在入井处装设防雷电装置。(二)由地面直接入井的轨道、金属架构及露天架空引入(出)井的管路,必须在井口附近对金属体设置不少于2处的良好的集中接地。"

制定本条的目的是,防止地面雷电波沿导体引入隧道或斜井内,造成瓦斯、煤尘爆炸以及人身伤害等事故。

防止地面雷电波引入隧道或斜井内,必须做到:

(1)经由地面架空线路引入隧道或斜井内的供电线路(包括电机车架线),必须在入口处装设避雷器,其接地电阻不得大于5Ω。

(2)由地面直接进入隧道或斜井内的轨道、金属架构及露天架空引入(出)的管路,都必须在洞口附近将金属体进行不少于2处的可靠接地,接地极的电阻不得大于5Ω;两接地极的距离应大于20m。

9.2.13 瓦斯工区电气设备使用应符合下列规定:

1 当不得不使用非防爆型光电测距仪及其他有电源的设备时,在设备20m范围内瓦斯浓度应小于1.0%。

2 应检查专用供电线路、专用变压器、专用开关、瓦斯浓度超限与供电的闭锁、风机与供电的闭锁等设备。

3 供电线路应无明接头、接头连接不紧密或散接头等失爆情况,应有齐全的漏电保护装置、接地装置、防护装置等,且电缆悬挂整齐。

4 瓦斯工区内使用的电气设备,除应进行日常检查外,尚应按规定的周期进行检查,其检查周期应符合表9.2.13的规定。

9 电气设备与作业机械

表 9.2.13 电气设备和电缆检查周期规定

序号	检查、调整项目	检查周期	备 注
1	使用中的防爆电气设备防爆性能检查	每月1次	每日由电工检查一次外部
2	配电系统继电保护装置检查、整定	每半年1次	负荷变化应及时调整
3	高压电缆的泄漏和耐压试验	每年1次	
4	主要电气设备绝缘电阻的检查	至少每半年1次	
5	固定敷设电缆的绝缘和外部检查	每季1次	
6	移动式电气设备橡套电缆绝缘检查	每月1次	每班由当班人或电工检查一次外皮有无破损
7	接地电网接地电阻值测定	每季1次	
8	新安装的电气设备绝缘电阻和接地电阻值测定		投入运行以前

【释义】

《煤矿安全规程》(2016年版)规定矿井应当按表9-2的要求对电气设备、电缆进行检查和调整。参考煤矿安全要求,制定本条。

表 9-2 《煤矿安全规程》(2016年版)规定电气设备、电缆的检查和调整要求

项 目	检查周期	备 注
使用中的防爆电气设备的防爆性能检查	每月1次	每日应当由分片负责电工检查1次外部
配电系统断电保护装置检查整定	每6个月1次	负荷变化时应当及时整定
高压电缆的泄漏和耐压试验	每年1次	
主要电气设备绝缘电阻的检查	至少6个月1次	
固定敷设电缆的绝缘和外部检查	每季1次	每周应当由专职电工检查1次外部和悬挂情况
移动式电气设备的橡套电缆绝缘检查	每月1次	每班由当班司机或者专职电工检查1次外皮有无破损

表 9-2(续)

项　　目	检查周期	备　　注
接地电网接地电阻值测定	每季 1 次	
新安装的电气设备绝缘电阻和接地电阻的测定		投入运行以前

9.3　作业机械

9.3.1　瓦斯工区内作业机械严禁使用汽油机车。

【释义】

汽油具有挥发性,在使用过程中会挥发在空气中,隧道内空间有限,汽油浓度增加增大了爆燃风险,《铁路隧道工程施工安全技术规程》(TB 10304—2009)第 6.2.9 条规定严禁汽油机械进洞。瓦斯隧道对火源控制更加严格,因此提出公路瓦斯隧道的瓦斯工区内作业机械严禁使用汽油机车。

9.3.2　作业机械使用非防爆型时,应设置便携式甲烷报警仪;当瓦斯浓度超过 0.5% 时,应停止作业机械运行。

【释义】

参照《煤矿安全规程》(2016 年版)第五百零一条规定:"井下下列设备必须设置甲烷断电仪或者便携式甲烷检测报警仪:(一)采煤机、掘进机、掘锚一体机、连续采煤机。(二)梭车、锚杆钻车。(三)采用防爆蓄电池或者防爆柴油机为动力装置的运输设备。(四)其他需要安装的移动设备"。

微瓦斯和低瓦斯工区作业机械使用非防爆型仍存在一定的风险,设置便携式甲烷报警仪可以帮助驾驶人员及时掌握隧道内瓦斯浓度情况,当瓦斯浓度超过 0.5% 时,停止作业机械运行,保障微瓦斯和低瓦斯工区

9 电气设备与作业机械

内作业安全。

9.3.3 高瓦斯工区和煤(岩)与瓦斯突出工区的挖掘机、装载机、运输车、混凝土罐车、混凝土泵车等作业机械应采取防爆措施。高瓦斯工区的作业机械可安装车载瓦斯自动监控报警与断电系统的防爆装置;煤(岩)与瓦斯突出工区的燃油作业机械应使用矿用防爆型柴油动力装置。

【释义】

《铁路隧道瓦斯技术规范》(TB 10120—2019)规定:"高瓦斯工区和瓦斯突出工区的作业机械应使用防爆型,微瓦斯和低瓦斯工区作业机械可使用非防爆型"。

参考铁路行业规定:高瓦斯工区和煤(岩)与瓦斯突出工区的挖掘机、装载机、运输车、混凝土罐车、混凝土泵车等作业机械应采取防爆措施。微瓦斯工区和低瓦斯工区可使用非防爆型作业机械,但应设置便携式甲烷报警仪。

高瓦斯工区的作业机械可安装车载瓦斯自动监控报警与断电系统的防爆装置,车载瓦斯自动监控报警与断电系统的防爆装置,是在作业机械上加装防爆或煤安认证的监控设备,提示车辆驾驶人员及时停止作业和控制车辆的所有供电线路,从而达到防爆目的。

煤(岩)与瓦斯突出工区的燃油作业机械应使用矿用防爆型柴油动力装置。矿用防爆型柴油动力装置的保护装置:当矿用防爆型柴油动力装置中某监控参数,如发动机排气超温、冷却水超温、尾气水箱水位、润滑油压力等出现异常情况时,能及时发出报警信号,并能使柴油动力装置的动力系统自动停止运转的安全装置。

参照《煤矿安全规程》(2016年版)第三百七十八条规定:"使用的矿用防爆型柴油动力装置,应满足以下要求:(一)具有发动机排气超温、冷却水超温、尾气水箱水位、润滑油压力等保护装置。(二)排气口的排气温度不得超过77℃,其表面温度不得超过150℃。(三)发动机壳体不得采用铝合金制造;非金属部件应具有阻燃和抗静电性能;油箱及管路必须采用不燃性材料制造;油箱最大容量不得超过8h用油量。(四)冷却水温度不得超过95℃。(五)在正常运行条件下,尾气排放应满足相关规定。(六)必须配备灭火器。"

案例:重庆南道高速公路马嘴瓦斯隧道的行走式作业机械安装了车载瓦斯自动监控报警与断电系统等主动防爆装置,适时监测机车作业环境中的瓦斯浓度。当瓦斯浓度超过0.5%时,装置可及时发出声光报警,切断电源,控制机车熄火。作业环境中瓦斯浓度降至0.5%以下,装置解除锁定,可重新启动机车。单台车改装设备明细清单见表9-3。

表9-3 单台车改装设备明细清单

序号	设 备 名 称	型 号	单位	数量	备 注
1	矿用本安型电源	DXH-4-15	台	1	防振设计
2	隧道车辆监控主机	ZWSJ-A-Z	个	1	带保护箱,防振设计
3	低浓度甲烷传感器	KG9701A	个	1	
4	声光报警器		套	1	
5	专用线缆及配件		瓶	1	可多台共用
6	标定配件		个	1	

9.3.4 瓦斯工区施工作业机械应避免摩擦发热,导致部件产生高温及火花。

10 揭煤防突

10.1 一般规定

10.1.1 有煤(岩)与瓦斯突出危险的隧道,应编制揭煤防突专项设计。

【释义】

在煤矿行业,揭开具有煤(岩)与瓦斯突出危险的煤层是最危险的工作,稍有疏忽就可能引发煤(岩)与瓦斯突出,甚至更加严重的事故,有许多惨痛教训,也总结了许多经验。公路隧道揭煤防突主要参考煤矿经验,针对具有煤(岩)与瓦斯突出危险的隧道,要求在设计阶段应编制指导性揭煤防突专项设计方案,在施工阶段应编制实施性揭煤防突专项施工组织设计及安全防护措施。主要内容包括:"四位一体"的揭煤防突措施,揭煤作业施工方法、支护措施、组织指挥、抢险救灾应急预案及远距离爆破安全防护措施等。

10.1.2 从隧道开挖工作面距煤层顶(底)板最小法向距离 10m 开始,至开挖工作面穿过煤层底(顶)板最小法向距离 5m 止,整个过程为揭煤作业。

【释义】

本规范参照《煤矿安全规程》(2016 年版)来定义隧道揭煤作业全过程,即距煤层法向距离 10m 时就开始,直到突出煤层全部被掘完时为止。公路隧道揭煤需要考虑隧道揭煤目的、隧道断面、支护措施、爆破方式等与煤矿揭开石门的不同。通过调研多座公路、铁路瓦斯突出隧道揭煤作业过程表明,揭煤作业开始的法向距离 10m 是安全和合理的,揭煤作业截止的法向距离需要考虑缓倾反向揭煤的不利工况,隧道进入岩层不足

5m时,顶部煤层瓦斯可能通过爆破引起的裂隙突涌至掌子面引起炮后瓦斯超限,也存在爆破震动产生隧道坍塌的不利情况,因而本规范规定揭煤作业截止点为煤层5m的安全法向距离。

10.1.3 揭穿具有煤(岩)与瓦斯突出危险的地层时,应严格按突出危险性预测、防突措施、措施效果检验、安全防护措施的程序组织实施,工作流程可参照图10.1.3进行。

【释义】

本条参考煤矿"四位一体"揭煤防突工作流程,并结合公路隧道特点,拟定了超前探测(10.2节)、突出危险性预测(10.3节)、防治煤(岩)与瓦斯突出措施(10.4节)、防突措施效果检验(10.5节)、揭煤与开挖(10.6节)、安全防护(10.7节)全部流程。工作从距煤层法向距离20m开始,到过完煤层至距煤层法向距离5m结束;在距煤层法向距离10m、5m处需要进行突出危险性预测(若有)—防突措施实施—防突效果检验循环工作,安全掘进至距煤层法向距离2m时,在采取公路隧道超前支护等安全防护措施之后,采取远距离爆破揭开煤层,然后边验证边掘进过完煤层至距煤层法向距离5m。关键问题需要多次预测、检验,一旦有突出危险不得掘进,采取防突措施,只有经检验无突出危险的情况下方可进行掘进施工。

10.1.4 煤(岩)与瓦斯突出地层在进行超前探测、突出危险性预测、防突措施及防突措施效果检验过程中,应停止与防突工作无关的作业。

【释义】

对煤(岩)与瓦斯突出地层进行超前探测、突出危险性预测、防突措施及防突措施效果检验等均具有一定风险,为保证安全,需要停止其他无关工作。

10.1.5 穿越煤(岩)与瓦斯突出煤层时,应全程检测瓦斯,观察并掌握突出预兆。当发现有煤(岩)与瓦斯突出预兆时,应立即停工、撤人和断电。

10 揭煤防突

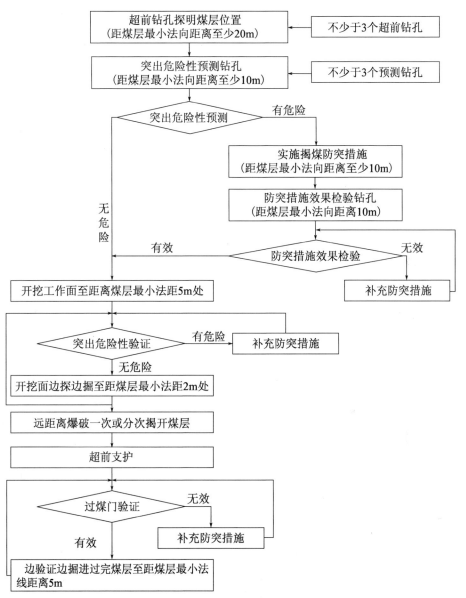

图 10.1.3 揭煤防突工作流程图

【释义】

穿越煤(岩)与瓦斯突出煤层可由具有相应技术能力、救护经验和资质资格的第三方单位协助进行。停工、撤人和断电指令可由瓦检员发出。根据煤矿煤(岩)与瓦斯突出现象的经验,公路隧道判断掌子面典型的瓦斯突出预兆分为有声预兆和无声预兆。有声预兆主要包括:响煤炮声(机枪声、闷雷声、劈裂声),支柱折断声,夹钻顶钻,打钻喷煤、喷瓦斯等。无声预兆主要包括:煤层结构变化,层理紊乱,煤变软、光泽变暗,煤层由薄变厚,倾角由小变大,工作面煤体和支架压力增大,煤壁外鼓、掉渣等,瓦斯涌出量增大或忽大忽小,煤尘增大,空气气味异常、闷人,煤壁温度降低、挂汗等。总结起来需要重点关注以下情况:①瓦斯浓度忽大忽小,工作面温度降低,闷人,有异味等。②开挖工作面地层压力增大,鼓壁,深部岩层或煤层的破裂声明显、响煤炮、掉碴、支护严重变形。③煤层结构变化明显,层理紊乱,由硬变软,厚度与倾角发生变化,煤由湿变干,光泽暗淡,煤层顶、底板出现断裂、波状起伏等。④钻孔时有顶钻、卡钻、喷孔等动力现象。⑤工作面发出瓦斯强涌出的嘶嘶声,同时带有粉尘。⑥工作面有移动感。

10.1.6 在具有煤(岩)与瓦斯突出危险的工区施工时,任意两个相向开挖掌子面距离不应小于 **100m**,同向(平行、相邻)开挖掌子面距离不应小于 **50m**。

【释义】

隧道掌子面前方存在应力集中,掘进过程中又存在多种扰动,因此《公路隧道施工技术规范》(JTG F60—2009)规定当两开挖面间距离剩下 15~30m 时,应改为单向开挖,并落实贯通面的安全措施,直到贯通为止。公路隧道左右洞横向间距一般较小,且存在对向施工的情况,为避免相互影响,防止塌方及诱导煤(岩)与瓦斯突出,在瓦斯突出工区掘进时更应控制施工安全距离。对于具有煤(岩)与瓦斯突出危险的工区,两个掌子面施工影响叠加可能发生突出事故,因此增大了间距要求,相向开挖掌子面距离不小于 100m,同向(平行、相邻)开挖掌子面间距不小于 50m。

10.2 超前探测

10.2.1 在有煤(岩)与瓦斯突出危险的地层中施工时,应加强地质分析及预测预报工作。

10.2.2 接近突出煤层前应实施超前探孔,超前探孔应符合下列规定:

1 接近煤层前,在开挖工作面距煤层最小法向距离大于或等于 **20m** 时进行超前探孔,探孔数量不应少于 **3** 个,且至少有 **1** 个钻孔需要取芯。

2 超前探孔应穿透煤层(或煤组)全厚且进入顶(底)板不小于 **0.5m**,钻孔直径不宜小于 **76mm**。当超前探孔兼作预测钻孔时应测定煤层瓦斯压力或含量等参数。

3 应观察并记录探孔过程中的瓦斯动力现象、孔口排出的浆液、煤屑变化情况。

4 应记录岩芯资料,按各孔见煤、出煤点确切位置,计算煤层的厚度、倾角、走向及与隧道的相对位置关系,并分析煤层顶底板岩性及地质构造。

【释义】

借鉴煤矿经验,本条提出公路隧道突出煤层的超前探孔的要求,包括距离、钻孔数量、现象观察和记录等。根据《煤矿安全规程》(2016年版),在工作面距煤层法向距离10m(地质构造复杂、岩石破碎的区域20m)之外,至少施工2个前探钻孔,掌握煤层赋存条件、地质构造、瓦斯情况等。鉴于公路隧道开挖断面远大于煤矿巷道,在过煤系地层段开挖稳定性差,误揭煤层容易发生煤(岩)与瓦斯突出,为了掌握煤层准确位置及瓦斯赋存条件,超前探钻孔不少于3个,钻孔直径不小于76mm,穿透煤层全厚,并且进入底板岩层不小于0.5m,其终孔位置应控制在开挖轮廓外5m,并取岩(煤)芯,分析煤层顶、底板岩性。3个超前钻孔(1个仰孔和2个水平边孔),仰孔起到控制煤层倾角的作用,2个水平边孔起到控制煤层走向的作用。打钻过程中应注意观察孔内排出的浆液、煤屑、瓦斯动力现象等,并做好详细记录。超前探孔布置设计示意如图10-1所示。

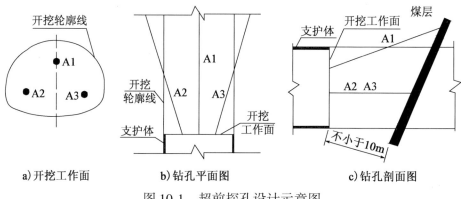

图10-1 超前探孔设计示意图

10.3 突出危险性预测

10.3.1 突出危险性预测工作应在开挖工作面距煤层最小法向距离**10m**前实施,地质构造复杂、围岩破碎的区域应适当增加最小法向距离,预测取芯钻孔不应少于**3**个。

【释义】

借鉴煤矿经验,突出危险性预测工作应在开挖工作面距煤层最小法向距离10m前实施,对地质构造复杂、围岩破碎的区域为了保障施工安全可以将最小法向距离适当加大,目的是留有足够安全岩柱预防突出。预测取芯钻孔瓦斯参数要能在相当程度上代表预测煤层的突出危险性,因此要求预测取芯钻孔不应少于3个,隧道断面增大时增加预测取芯钻孔数量。

10.3.2 开挖工作面煤(岩)与瓦斯突出危险性预测应采用瓦斯压力法(测试方法见本规范附录A)或瓦斯含量法(测试方法见本规范附录J)作为主要预测方法,并至少选取钻屑指标法(测试方法见本规范附录E)或钻孔瓦斯涌出初速度法(测试方法见本规范附录K)进行验证。

【释义】

参照《防治煤与瓦斯突出细则》(2019年)相关规定,采用瓦斯压力法和瓦斯含量法作为煤(岩)与瓦斯突出危险性预测的主要预测方法,钻屑指标法和钻孔瓦斯涌出初速度法是我国应用较多的两种突出危险性预测方法,规定选择至少一种进行验证。

10.3.3 开挖工作面突出危险性预测方法中有任何一项指标超过临界指标,该工作面即为突出危险工作面。预测临界指标值应根据当地煤矿的实测指标临界值确定,无当地煤矿的实测指标临界值时,可参照表10.3.3中所列突出危险性预测指标临界值。

表10.3.3 突出危险性预测指标临界值

预测指标	瓦斯压力(MPa)	吨煤瓦斯含量(m^3/t)	钻屑瓦斯解吸指标				钻孔瓦斯涌出初速度(L/min)
			Δh_2 (Pa)		K_1 [$mL/(g \cdot min^{1/2})$]		
			干煤样	湿煤样	干煤样	湿煤样	
临界值	0.74	8	200	160	0.5	0.4	5

【释义】

根据《煤矿安全规程》(2016年版)第一百九十七条规定:"有突出危险煤层的新建矿井或者突出矿井,开拓新水平的井巷第一次揭穿(开)厚度为0.3m及以上煤层时,必须超前探测煤层厚度及地质构造、测定煤层瓦斯压力及煤层瓦斯含量等与突出危险性相关的参数。"对于采用钻屑瓦斯解吸指标预测时,Δh_2和K_1两个指标任选其一即可。

10.3.4 钻孔过程中出现明显顶钻、卡钻、喷孔等动力现象及其他突出预兆时,应视该开挖工作面为突出危险工作面。

【释义】

《防治煤与瓦斯突出细则》(2019年)中突出预兆有多种,但最能综合代表突出危险性的预兆是喷孔。

根据经验,钻孔过程中出现明显顶钻、卡钻、喷孔等动力现象对于判断突出工作面十分重要,特别是具有喷孔情况时可直接判定为突出危险工作面。

10.4 防治煤(岩)与瓦斯突出措施

10.4.1 防治煤(岩)与瓦斯突出措施应在距突出煤层最小法向距离 10m 前的位置进行,地质构造复杂、围岩破碎的区域应适当增加最小法向距离。

【释义】

《防治煤与瓦斯突出细则》(2019 年)六十四条规定:"穿层钻孔预抽井巷揭煤区域煤层瓦斯区域防突措施的钻孔应当在揭煤工作面距煤层的最小法向距离 7m 以前实施"。

公路隧道断面较煤矿巷道断面大,结合已有工程调研发现在距煤层 7~10m 处开展突出危险性预测既可以保证施工安全,也保证了数据的准确性,因此要求防治煤(岩)与瓦斯突出措施应在距突出煤层最小法向距离 10m 前的位置进行,地质构造复杂、围岩破碎的区域应适当增加最小法向距离。

10.4.2 防治煤(岩)与瓦斯突出可采用钻孔抽放瓦斯、钻孔排放瓦斯、超前管棚、注浆加固、水力冲孔或其他经试验证明有效的措施。

【释义】

本条列出了煤矿的所有防突措施。①钻孔抽放瓦斯和排放瓦斯防治煤(岩)与瓦斯突出机理是力求将突出煤层中的瓦斯含量与煤层中的应力降低到不能突出的安全范围内。②超前管棚是为了增加工作面前方煤层的稳定性。③注浆加固是揭煤前将注浆材料注入预先布置在工作面的钻孔,增加揭煤工作面周围煤体的强度,改变煤的力学性质,使其不易于发生突出。④水力冲孔利用钻头切削和高压水喷孔,排除煤层中的瓦斯,

10 揭煤防突

降低瓦斯含量与应力,使煤层突出能量在可控的条件下缓慢释放。

10.4.3 防治煤(岩)与瓦斯突出措施宜优先采用钻孔排放瓦斯,也可采用钻孔抽放瓦斯。当采用钻孔抽放瓦斯时,应编制瓦斯抽放专项设计。

【释义】

基于目前技术条件下,无法对煤(岩)与瓦斯突出进行完全封堵,故防治煤(岩)与瓦斯突出常常采取抽放和排放措施。

(1)抽放瓦斯与排放瓦斯的原理不同:前者借助于机械产生的负压,加速突出危险煤层中的瓦斯排放,而后者是靠突出煤层中的瓦斯压力,使瓦斯从钻孔周围深部煤层中不间断地流入孔内,并通过钻孔向隧道空间扩散释放。

(2)抽放瓦斯与排放瓦斯的工艺、成本存在较大差异:

抽放瓦斯措施在专项设计中一般会给出抽放钻孔设计及抽放系统(地面固定泵站抽放系统或隧道内移动泵站抽放系统)选型设计,而当前国内绝大多数公路勘察设计单位不具备瓦斯抽放系统设计的资质和能力,需要委托有资质的单位编制瓦斯抽放专项方案,施工过程中由专业队伍组织实施。因此,抽放瓦斯措施工艺较为复杂,成本较大,施工阶段的措施费一般可列出施工中因排放效果不理想而变更为抽放的预备费,避免后期追加投资。

钻孔周围煤层中瓦斯含量降低后,煤层发生的收缩变形改善了揭煤工作面应力状态,增加了煤层的稳定性,这一切都破坏或减弱了发生突出所必需的条件,可有效地控制煤(岩)与瓦斯突出的发生。由于钻孔排放瓦斯操作工艺简单,设备要求不高,成本相对较低,对突出危险煤层也能达到较好的防突效果。

简单而言,钻孔抽放为强排,采用专用设备与技术,瓦斯排放效率高;钻孔排放为自由排,技术简单但效率相对较低。因此,综合考虑成本、工艺等因素,通常以钻孔排放为主,当部分透气性差的煤层自然排放困难时,可采用抽放加速瓦斯排出。

10.4.4 钻孔抽(排)放瓦斯应符合下列规定:

1 煤(岩)与瓦斯突出地层的钻孔抽(排)放瓦斯专项方案内容主要应包括煤层赋存状况、煤层参数、预测时的各项指标、抽(排)放范围、钻孔抽(排)放半径、抽(排)放时间、抽(排)放孔个数、钻孔长度和角度、抽(排)放孔施工及抽(排)放期间的安全措施等。

2 抽(排)放时间、抽(排)放半径应根据煤层参数、预测指标等综合分析确定;抽(排)放孔的角度、长度,抽(排)放孔个数应根据煤层赋存状况、抽(排)放范围和抽(排)放半径计算确定。

3 抽(排)放钻孔控制隧道轮廓线左、右边墙外应不小于12m,底部应不小于12m(急倾斜煤层应不小于6m),拱顶应不小于12m,且拱顶控制范围的外边缘到隧道轮廓线的最小法向距离应不小于5m。具体抽(排)放范围及抽(排)放孔角度可参照表10.4.4取值。

表10.4.4 抽(排)放钻孔参数值

距开挖轮廓的抽(排)放最小范围(m)				抽(排)放半径(m)	抽(排)放孔角度(°)		
左	右	上	下		水平角	仰角	俯角
≥12	≥12	≥12	≥6	1~2	0~90	0~45	0~20

4 抽(排)放孔直径宜为75~120mm,各孔应穿透煤层,并进入顶(底)板岩层不小于0.5m。当煤层倾角小、煤层厚,不能一次打穿煤层全厚时,可采用分段分部多次抽(排)放,但首次抽(排)放钻孔宜进入煤层深度5~10m。

5 抽(排)放孔间距应根据煤层有效抽(排)放半径确定。

6 抽(排)放孔施工前应加强抽(排)放工作面及已开挖段的支护。

7 钻孔过程中应检查验收钻孔角度和长度等情况。

8 抽(排)放孔施工过程中应注意观察各种异常情况及动力现象,当钻孔施工中出现动力现象时,应停止该孔施工,待采取安全措施后方可恢复施工。

10 揭煤防突

9 采用抽放措施时,每钻完一个孔应及时封孔抽放。

10 采用排放措施时,每钻完一个孔应检测该孔瓦斯涌出量,以后每天进行两次,计算衰减系数。

11 揭穿突出煤层宜采用上下台阶法开挖,利用上台阶排放下台阶的部分瓦斯,其台阶长度应根据通风需要和隧道围岩稳定性、支护结构安全性综合确定,下台阶排放应采用下列措施:

1) 在上部台阶底打俯角孔排放;
2) 每排排放钻孔连线应与煤层走向平行。

【释义】

根据《防治煤与瓦斯突出细则》(2019年)第六十四条规定:"(三)穿层钻孔预抽井巷揭煤区域煤层瓦斯区域防突措施的钻孔应当在揭煤工作面距煤层最小法向距离7m以前实施,并用穿层钻孔至少控制以下范围的煤层:石门和立井、斜井揭煤处巷道轮廓线外12m(急倾斜煤层底部或者下帮6m),同时还应当保证控制范围的外边缘到巷道轮廓线(包括预计前方揭煤段巷道的轮廓线)的最小距离不小于5m。"当区域防突措施难以一次施工完成时,可分段实施,但每一段都应能保证揭煤工作面到巷道前方至少20m之间的煤层内,区域防突措施控制范围符合上述要求。抽(排)放钻孔控制范围如图10-2所示。

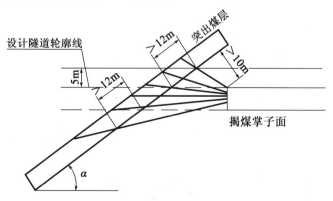

图10-2 抽(排)放钻孔控制范围示意图

10.4.5 揭煤工作面超前支护应在隧道拱顶和两侧一定范围内布置,并进行注浆加固。

【释义】

煤矿揭开煤层之后,为了顺煤层开采煤,所以往往不会在煤层内有防护或加固。公路隧道不同,为了尽快、安全通过煤层,除了消除瓦斯压力突出风险外,还可以利用超前支护、煤层内注浆等措施加强煤层的结构,达到降低煤层突出风险的目的。这是隧道与煤矿的不同之处,也是防突的有效措施之一。

10.4.6 煤(岩)与瓦斯突出工区钻孔排放瓦斯过程中,应加强工作面风流及回风道风流中瓦斯浓度检测,瓦斯浓度控制及处治措施按本规范第7.3.9条执行。

【释义】

煤(岩)与瓦斯突出工区钻孔排放瓦斯过程中往往有大量瓦斯从钻孔内释出,应加强隧道内瓦斯检测和施工通风,特别是开挖工作面风流中的瓦斯浓度应严格控制在1%以内。

10.5 防突措施效果检验

10.5.1 防突措施实施后,应在同一位置检验防突措施是否有效。当掘进至距煤层最小法向距离5m、2m的位置时应分别再次对煤层突出危险性进行验证。

【释义】

参照《防治煤与瓦斯突出细则》(2019年)第七十九条规定:"井巷揭煤工作面的突出危险性预测必须在距突出煤层最小法向距离5m前进行,地质构造复杂、岩石破碎的区域应当适当加大法向距离"。《防治煤与瓦斯突出规定》(2009年)第六十四条规定:"采用远距离爆破揭开突出煤层时,要求石门、斜井揭煤工作面与煤层间的最小法向距离是:急倾斜煤层2m,其他煤层1.5m"。

实践证明掌子面前方5m范围内通常处于卸压状态,有阻挡煤(岩)与瓦斯突出的作用。在5m垂距前进行工作面突出危险性预测,2m垂距前进行远距离爆破是安全、可行的,且隧道开挖掘进至距煤层2m(垂距)时,揭煤处附近的煤层应力、瓦斯以及煤层力学性能等与5m位置时相比可能已发生了较大变化,为保证揭煤的安全,因此要求掘进至距煤层最小法向距离5m、2m的位置时,应分别再次对煤层突出危险性进行验证。

10.5.2 防突措施效果检验孔数不应少于**4个**,检验孔的深度不应大于防突措施钻孔。检验钻孔应布置在防突措施钻孔密度相对较小、孔间距相对较大的位置。

【释义】

为准确探测煤层层位,掌握煤层的赋存位置、形态,另考虑到工作面突出危险性预测所采用的多种方法通常需不少于4个钻孔,因此要求深度不大于防突措施钻孔的不少于4个的防突措施效果检验孔。在实施钻孔法防突措施效果检验时,为了避开防突措施钻孔有效范围产生的影响,尽可能使效果检验指标准确,分布在工作面各部位的检验钻孔应布置于所在部位防突措施钻孔密度相对较小、孔间距相对较大的位置,并远离周围的防突措施钻孔或尽可能与周围防突措施钻孔保持等距离。在地质构造复杂地带应根据情况适当增加检验钻孔。

10.5.3 防突措施效果检验的方法应参照本规范第**10.3**节的规定进行,防突措施效果检验指标均应小于本规范表**10.3.3**中的指标临界值,且未发现其他异常情况,则判定为措施有效;当判定为措施无效时,必须采取补充防突措施。

【释义】

防突措施效果检验的方法与其他控制指标与开挖工作面突出危险性预测方法和指标是一致的。

10.6 揭煤与开挖

10.6.1 隧道开挖工作面揭开具有突出危险性的煤层时,应在隧道外起爆,所有人员撤出洞外。严禁使用震动爆破揭穿突出煤层。

【释义】

隧道开挖工作面揭煤过程中最容易发生煤(岩)与瓦斯突出,若隧道内有工作人员,一旦发生突出,突出的煤、岩石和瓦斯逆流波容易造成人员伤亡,因此要求隧道外起爆。震动爆破炮眼数目与炸药的使用量要比正常掘进爆破炮眼数目与炸药的消耗量高0.7~1.0倍,不仅会起到落煤作用,还会因为炸药爆炸产生的强烈震动波使煤体剧烈震动,对煤体破坏大,若煤层已达到发生突出的基本条件,就会诱导出煤(岩)与瓦斯突出。因而,震动爆破工作面发生突出的概率很高,要求禁止使用震动爆破揭穿突出煤层。

10.6.2 揭开不同倾角、厚度的煤层应符合下列规定:

1 急倾斜和倾斜的薄煤层,应一次全断面揭穿煤层全厚。

2 急倾斜和倾斜的中厚、厚煤层,一次全断面揭入煤层深度宜为1~1.3m。

3 缓倾斜煤层,应一次揭开最小保护厚度的岩柱。当倾角小于12°,岩柱水平长度大时,可刷斜面揭开煤层。

【释义】

本条参考煤矿经验制定,主要受煤层厚度和倾角的影响,同时也受隧道开挖循环进尺的影响。基本要求是应一次揭开最小保护厚度的岩柱,尽可能一次揭穿煤层全厚,以免对煤层的多次爆破扰动。

3 揭缓倾斜煤层时,因倾角小,在相同垂距下,石门水平长度较长,可能达数十米。如一次揭开煤层,其水平钻孔深度长,一次用药量也大,可能导致顶部坍塌,引起突出。根据家竹菁隧道和何家寨隧道近百次揭煤经验总结出,以刷斜面形式揭开缓倾斜煤层,即每次石门开挖进尺为1~1.2m,开挖高度以顶板有1.2~1.5m(垂距)厚度为准,直至开挖到工作面距煤层1.5~1.8m(水平距)时再揭开煤层。在每次开挖过程中应加强顶板临时支护,确保1.2~1.5m厚度的顶板不致塌落。

10.6.3 在半岩半煤和全煤层中掘进时,揭穿煤后必须对揭煤断面周边法向距离5m范围的煤层进行突出危险性验证,验证超标则必须采取局部防突措施。

【释义】

这是公路瓦斯隧道对通过揭煤段的结束点的规定。

10.6.4 揭煤施工过程中只要钻孔存在喷孔、顶钻或其他动力现象,均应停止施工,采取防突措施并经检验有效后方可继续进入下一循环开挖作业。

10.6.5 爆破钻孔前,可采用喷射混凝土临时封闭开挖工作面。

【释义】

采用喷射混凝土临时封闭开挖工作面,一方面有利于减缓揭露的掌子面瓦斯逸出量与速度,另一方面有利于掌子面稳定,此为公路瓦斯隧道防突的安全需要,也是安全施工技术措施之一。

10.7 安全防护

10.7.1 煤(岩)与瓦斯突出地层钻孔排放瓦斯期间,应提高洞内风速和风量,回风系统内应停电、撤人。

10.7.2 穿越煤(岩)与瓦斯突出地层时,开挖工作面应全程检测瓦斯浓度,当有煤(岩)与瓦斯突出预兆时,应停止工作面作业。

10.7.3 揭煤爆破通风 30min 后,应检测开挖工作面、回风道等位置的瓦斯浓度,确认安全后方可允许施工人员进洞。

【释义】

结合《煤矿安全规程》(2016年版)第二百二十二条规定:"远距离爆破时,回风系统必须停电撤人。爆破后,进入工作面检查的时间应当在措施中明确规定,但不得小于 30min。"和《防治煤与瓦斯突出细则》(2019年)第一百二十条规定:"远距离爆破时,回风系统必须停电撤人。爆破后,进入工作面检查的时间应当在措施中明确规定,但不得小于 30min。"的相关要求,要求揭煤爆破 30min 后方可进入隧道进行瓦斯浓度检测。隧道内的瓦斯浓度可以先通过自动瓦斯检测获得,再通过人工检测检核。

10.7.4 揭煤过程中,应保持主风机正常运转、备用主风机及二路电源处于待启动状态。

【释义】

揭煤前必须检查通风设备及电源的完好性;揭煤过程中应保持其处于待启动状态,一旦需要即可及时投入工作。

11 施 工 安 全

11.1 一 般 规 定

11.1.1 瓦斯工区施工应将瓦斯浓度、风速、风量检测和连续通风作为关键环节进行控制。

【释义】

瓦斯浓度、氧气浓度和火源是瓦斯爆炸的必备条件,其中氧气条件一直存在,火源控制是管理要求,所以严格控制瓦斯是避免瓦斯事故、保证公路瓦斯隧道施工安全的最重要措施和手段,需要做好瓦斯浓度、风速、风量检测,保障隧道总需风量。

11.1.2 瓦斯隧道开工前,必须对施工作业及管理人员进行安全技术培训。爆破工、电工、瓦检员等特种作业人员必须持证上岗,高瓦斯工区、煤(岩)与瓦斯突出工区应与专业矿山救护队建立联系。

【释义】

瓦斯隧道施工风险高,应严格开工前的安全技术培训工作,针对隧道工程和瓦斯情况,需要的专业技术要求高,所以特种作业人员必须持证上岗。鉴于隧道施工工期、安全风险和经济成本等因素,公路瓦斯隧道项目通常不会设立矿山救护队,因此提出高瓦斯、瓦斯突出隧道等高风险隧道应与专业矿山救护队建立联系,以保证瓦斯事故发生后的应急救援需要。矿山救护队到达服务隧道的时间一般不超过30min,即矿山救护队驻地至服务隧道的最远距离,在路况正常、无极端天气、车辆正常行驶等情况下,以行车时间不超过30min为限。

瓦检员:具有一定的瓦斯隧道经验,掌握一定的瓦斯隧道通风知识和技能,熟悉瓦斯浓度限制和处理措施,并经专门机构培训考试合格,持证上岗。

瓦检员的主要岗位职责:①负责分工区域内瓦斯、二氧化碳及其他有害气体的检查测定与汇报,执行检查、填牌、汇报三对口制度;②负责对分工区域内通风、防尘、防火、防突、瓦斯抽放、安全检测及"一通三防"安全设施的使用情况和工作状态进行检查、维护与管理,随时掌控所盯守作业当头供风质量,保证风流、风量;③负责及时发现和汇报分工区域内的通风、瓦斯、煤尘、煤与瓦斯突出、自然发火等隐患,并采取有效措施进行处理;④分工区域内一旦发生灾害事故,负责组织遇险人员自救与互救,参加抢险救灾工作。

11.1.3 瓦斯隧道施工前应制定施工通风、瓦斯检测、施工人员管理等制度,编制应急预案,并进行演练。

【释义】

经过多起瓦斯隧道事故分析与调查,发现瓦斯隧道安全事故发生除与瓦斯本身特性有关外,施工安全管理也是重要的薄弱环节,因此,首先要求健全规章制度,其次需要编制应急救援预案,最后必须落实制度要求。管理制度包括超前预报、施工设备及人员、钻爆作业、施工通风、瓦斯检测和监测等,本规范强调了施工通风、瓦斯检测、进洞人员管理制度;应急预案内容及原则按照现行《生产经营单位生产安全事故应急预案编制导则》(GB/T 29639)进行编制。

11.1.4 瓦斯地层防水板铺设后应及时施作二次衬砌,二次衬砌距掌子面的距离不宜超过70m。

【释义】

由于防水板背后容易形成瓦斯积聚,造成安全隐患,所以提出二次衬砌施作时机的要求。考虑到二次衬砌的封闭能有效防止地层瓦斯逸出至洞内,同时煤系地层地质条件普遍较差,二次衬砌及时施作也有利于控制隧道变形[70m也是《公路工程施工安全技术规范》(JTG F90—2015)对于Ⅴ级及Ⅴ级以上的围岩二次衬砌步距要求],所以提出二次衬砌与掌子面的距离不宜超过70m的要求,与围岩级别无关,二次衬砌早封闭有利于减少瓦斯逸出,确保安全。

11.2 塌方处理

11.2.1 瓦斯隧道塌方处理应遵循"先治理瓦斯、后处理塌方"的原则。当塌方区域前后20m范围内的瓦斯浓度降至0.5%以下后,方可进行塌方处理。

【释义】

　　瓦斯隧道塌方处理风险极高,应尽可能避免发生塌方。瓦斯隧道塌方区域容易集聚瓦斯,塌方处理过程中可能会再次发生坍塌,这样高浓度瓦斯将会涌出,若遇到火源就会发生瓦斯爆炸,为保障安全应先处理瓦斯,将塌腔内瓦斯浓度稀释至安全值,再处理塌方,保证结构安全。2005年12月22日14日40分,四川省都江堰至汶川高速公路董家山右线隧道发生特别重大瓦斯爆炸事故,造成44人死亡,11人受伤,直接经济损失2 035万元。直接原因:由于掌子面处塌方,瓦斯异常涌出,致使模板台车附近瓦斯浓度达到爆炸界限,模板台车配电箱附近悬挂的三芯插头短路产生火花,引起瓦斯爆炸。因此,应高度重视瓦斯隧道坍塌处理。

11.2.2 塌方段的瓦斯处理应符合下列规定:
1 应有专项瓦斯引排、瓦斯监测措施,确保施工安全。
2 应采取局部通风等措施排除塌腔内积聚的瓦斯。
3 应加强塌方地段瓦斯监测及围岩监控量测。
4 应尽快封闭塌方地段塌方体,并及时施作塌方段衬砌。

【释义】

　　《煤矿安全规程》(2016年版)第七百一十七条规定:"处理顶板事故

时,应当遵守下列规定:(一)迅速恢复冒顶区的通风。如不能恢复,应当利用压风管、水管或者打钻向被困人员供给新鲜空气、饮料和食物。(二)指定专人检查甲烷浓度、观察顶板和周围支护情况,发现异常,立即撤出人员。(三)加强巷道支护,防止发生二次冒顶、片帮,保证退路安全畅通"。

隧道塌方、冒顶的顶部必然存在瓦斯积聚,所以需要采取有效措施排除塌腔内积聚的瓦斯。为减少瓦斯涌出,消除瓦斯安全隐患,应尽快处理塌方、冒顶。

11.3 采空区处理

11.3.1 采空区处理应遵循"先探明、后通过"的原则。

【释义】

采空区大多存有水、瓦斯及其他有害气体,掘进接近采空区时要引起高度重视。首先要进行探查,通过探查查明相关情况,再根据探查结果制定相关安全技术措施。在情况不明的条件下误穿采空区,存在涌突水、瓦斯涌出及坍塌危险,所以需要遵循"先探明、后通过"的原则。

11.3.2 接近采空区必须进行超前地质预报,探明采空区水、瓦斯等情况,并进行危险性影响分析。

【释义】

参照《煤矿安全规程》(2016年版)第九十三条规定:"掘进巷道在揭露老空区前,必须制定探查老空区的安全措施,包括接近老空区时必须预留的煤(岩)柱厚度和探明水、火、瓦斯等内容。必须根据探明的情况采取措施,进行处理。

在揭露老空区时,必须将人员撤至安全地点。只有经过检查,证明老空区内的水、瓦斯和其他有害气体等无危险后,方可恢复工作。"

采空区是游离气体的聚集地,裂隙为游离气体提供了通道。接近采空区时,对采空区有害气体的检测至关重要。采空区超前探测的具体内容,包括采空区规模、采空区顶—底板稳定性、采空区积聚水及瓦斯情况,同时需要根据以上情况进行危险性评价与分析。

11.3.3 采空区应开展专项瓦斯、涌水及围岩监测等工作,并采取抽排、封堵等措施处治瓦斯,确保施工安全。

【释义】

探明采空区的地质、瓦斯、储水情况,结合采空区与隧道的空间关系,制定结构稳定、堵(排)瓦斯及积水针对性技术措施和施工方法,以保障隧道通过采空区段的施工安全及运营结构安全。

11.4 防治煤层自燃和煤尘爆炸

11.4.1 具有煤层自燃倾向性和煤尘爆炸性的煤层施工,应采取湿式钻眼、水炮泥封孔、热源明火控制等措施。

【释义】

针对具有煤层自燃倾向性和煤尘爆炸性的煤层施工,为防止煤层燃烧或煤尘爆炸,在瓦斯地层施工一般要求基础上,需要采取更加严格的钻孔、爆破作业措施。

11.4.2 具有煤层自燃倾向性和煤尘爆炸性的煤层爆破前后、挖掘、装载、运输等产尘环节,应加强通风和洒水等综合防尘、降尘措施。

【释义】

加强通风和洒水等综合防尘、降尘措施,一方面是防止煤层燃烧或煤尘爆炸的安全需要,另一方面也是隧道施工卫生的要求。

11.4.3 通过具有煤层自燃倾向性的地层,应将暴露面及时封闭,空洞采用不燃性材料回填密实。

【释义】

参照《煤矿安全规程》(2016年版)第二百六十二条规定:"对开采容易自燃和自燃的单一厚煤层或者煤层群的矿井,集中运输大巷和总回风巷应当布置在岩层内或者不易自燃的煤层内;布置在容易自燃和自燃的煤层内时,必须锚喷或者砌碹,碹后的空隙和冒落处必须用不燃性材料充填密实,或者用无腐蚀性、无毒性的材料进行处理。"

应尽可能减少具有煤层自燃倾向性地层的暴露面积和暴露时间,暴露面要及时封闭,空隙和冒落处使用不燃性材料充填密实。

11.4.4 具有煤层自燃倾向性的煤或煤矸石应堆放至指定渣场,不得作为路基填料,其处理措施主要有打孔灌浆、分层碾压堆积、分层覆土等。

【释义】

煤矿行业经常有煤矸石自燃着火的现象发生,公路行业也存在利用具有煤层自燃倾向性的煤或煤矸石作为路基填料时发生填料自燃,导致路基沉陷、塌陷的情况,故提出此类煤矸石不得作为路基填料的要求。并借鉴煤矿行业经验,提出对此类煤矸石进行打孔灌浆、分层碾压堆积、分层覆土等封闭掩埋处理。

11.5 消防安全

11.5.1 瓦斯工区消防设施应满足下列要求:

1 应在洞外设置消防水池,配备消防用砂,其中水池储水量不得小于 $200m^3$。

2 应设置消防管路系统,并每隔100m设置一个阀门。

3 应在洞内设置灭火器等灭火设备或设施,并保持良好状态。

【释义】

《煤矿安全规程》(2016年版)第二百四十九条规定:"矿井必须设地面消防水池和井下消防管路系统。井下消防管路系统应当敷设到采掘工作面,每隔100m设置支管和阀门,但在带式输送机巷道中应当每隔50m设置支管和阀门。地面的消防水池必须经常保持不少于200m³的水量。消防用水同生产、生活用水共用同一水池时,应当有确保消防用水的措施。"

消防管路系统每隔100m设置支管和阀门可为就近灭火提供条件。为确保井下扑灭火灾的用水量,地面的消防水池必须经常保持不少于200m³的水量。本条根据煤矿安全生产和隧道施工消防安全制定。一方面,若发生小型火灾,作业人员可以第一时间灭火,防止事故扩大;另一方面,这些是隧道动火作业必备的灭火装备。

11.5.2 瓦斯隧道洞口值班房、通风机房等洞口附近20m范围内不得有火源。

【释义】

《煤矿安全规程》(2016年版)第二百五十一条规定:"井口房和通风机房附近20m内,不得有烟火或者用火炉取暖"。

公路隧道洞口往往也是通风口,存在瓦斯超标超限的可能性,应参照洞内工点要求控制火源。

11.5.3 瓦斯工区应避免电焊、气焊、喷灯焊接、切割等动火作业,当不得不进行动火作业时,应符合下列规定:

1 应建立隧道内动火作业审批制度,制定动火作业安全技术措施,并组织作业人员学习。

2 动火作业点附近应配备灭火器、消防砂、消防用水等消防设施,动火作业点20m范围内应跟踪检测瓦斯,瓦斯浓度应不大于0.5%。

3 应有专人在动火作业现场检查和监督,并负责灭火。

4 动火作业结束后,经检查确认无残火方可离开作业区。

【释义】

《煤矿安全规程》(2016年版)第二百五十四条规定:

"井下和井口房内不得进行电焊、气焊和喷灯焊接等作业。如果必须在井下主要硐室、主要进风井巷和井口房内进行电焊、气焊和喷灯焊接等工作,每次必须制定安全措施,由矿长批准并遵守下列规定:

(一)指定专人在场检查和监督。

(二)电焊、气焊和喷灯焊接等工作地点的前后两端各10m的井巷范围内,应当是不燃性材料支护,并有供水管路,有专人负责喷水,焊接前应当清理或者隔离焊碴飞溅区域内的可燃物。上述工作地点应当至少备有2个灭火器。

(三)在井口房、井筒和倾斜巷道内进行电焊、气焊和喷灯焊接等工作时,必须在工作地点的下方用不燃性材料设施接受火星。

(四)电焊、气焊和喷灯焊接等工作地点的风流中,甲烷浓度不得超过0.5%,只有在检查证明作业地点附近20m范围内巷道顶部和支护背板后无瓦斯积存时,方可进行作业。

(五)电焊、气焊和喷灯焊接等作业完毕后,作业地点应当再次用水喷洒,并有专人在作业地点检查1h,发现异常,立即处理。

(六)突出矿井井下进行电焊、气焊和喷灯焊接时,必须停止突出煤层的掘进、回采、钻孔、支护以及其他所有扰动突出煤层的作业。

煤层中未采用砌碹或者喷浆封闭的主要硐室和主要进风大巷中,不得进行电焊、气焊和喷灯焊接等工作。"

瓦斯工区进行动火作业的风险较高,因此首先应尽量避免动火作业。当不得不进行动火作业时,需制定严格的管理制度。

首先必须制定动火管理制度,隧道内动火作业应建立审批制度,包括审批权限、动火作业安全技术措施、每一动火作业登记表等,做到每一动火作业点必须有审批、记录。动火作业前的条件,包括消防装备和动火作业点的周边瓦斯浓度要求;动火作业过程中应有专人现场检查瓦斯等情况,还应有专人随时准备灭火;动火作业结束后,需要检查确认无残火,待焊接点温度冷却后方可离开作业区。整个动火作业过程需要做好完整记录。表 11-1 为某铁路高瓦斯隧道对动火作业的申请表,可作参考。

表 11-1 特殊工序(动火)作业申请表

动火工点:_____   编号:_____

作业单位		作业里程	
作业环境		作业对象	
动火申请人		动火级别	
动火地点		动火人	
动火时间	自 20　年　月　日　时　分起		
	至 20　年　月　日　时　分止		
动火内容:1 电气焊及切割作业□　　2 不防爆手电钻作业□　　3 热熔焊接、超声波焊接作业□　　4 其他□			
动火注意事项:需要动火的特殊工序施工前,应严格执行动火申请审批制度。施工时施工单位安全员、瓦检员、监理人员必须全过程监测瓦斯浓度,同时对作业地点强化局部通风措施,保证该范围内瓦斯浓度不超过 0.5%。施工单位必须在作业区 10m 范围内配备不少于 2 具灭火器材,安全员跟班作业,确保万无一失。施工现场 20m 范围不得有可燃物,并设应急水管。作业完成后由专人检查,对现场进行降温,确认无残火后方可结束作业。			
瓦检员:	安全员:		现场监理:
作业队长:	分部生产副经理:		副总监(或分站长):

注:本表一式二份,作业时瓦检员携带一份,留存一份。

为确保动火作业的安全,作业过程中必须有专人进行检查监督,对工作地点风流中瓦斯浓度提出严格要求,不得超过 0.5%;动火作业结束后应再次对作业地点进行检查,确保无高温热源存在。

11.5.4 瓦斯工区易燃品管理应符合下列规定:

1 瓦斯工区不得存放各种油类,洞内使用的各种油类物资,应由专人押运至使用地点,剩余的油类和废油应及时运出洞外,不得洒在洞内。

2 瓦斯工区内待用和使用过的棉纱、布头和纸张等易燃、可燃物品,应存放在密闭的铁桶内。使用过的易燃、可燃物品应由专人送到洞外进行处理。使用的防水板等可燃品,应按需求确定进洞数量。

【释义】

《煤矿安全规程》(2016年版)第二百五十五条:"井下使用的汽油、煤油必须装入盖严的铁桶内,由专人押运送至使用地点,剩余的汽油、煤油必须运回地面,严禁在井下存放。

井下使用的润滑油、棉纱、布头和纸等,必须存放在盖严的铁桶内。用过的棉纱、布头和纸,也必须放在盖严的铁桶内,并由专人定期送到地面处理,不得乱放乱扔。严禁将剩油、废油泼洒在井巷或者硐室内。"

机械用油、棉纱、布头和纸张等都是易燃物,如管理不善极易失火引发火灾,所以不得存放在瓦斯隧道内,若要使用则需按需求配送,专人送入送出。使用过程中应符合具体操作规定,多余部分及时运出隧道。

11.6 施工人员管理

11.6.1 瓦斯隧道应建立门禁管理系统,宜建立人员定位管理系统和通信联络系统。进洞人员严禁穿化纤衣服,严禁携带烟草及点火物品、手机、钥匙等违禁物品。洞内作业人员应配备防爆型对讲机,并在洞内作业区、洞外调度室、值班室等地方建立通信联络系统。

【释义】

《煤矿安全规程》(2016年版)第十三条规定:"入井(场)人员必须戴安全帽等个体防护用品,穿带有反光标识的工作服。入井(场)前严禁饮酒。煤矿必须建立入井人员检身制度和出入井人员清点制度;必须掌握井下人员数量、位置等实时信息。入井人员必须随身携带自救器、标识卡和矿灯,严禁携带烟草和点火物品,严禁穿化纤衣服"。

《煤矿安全规程》(2016年版)第五百零四条规定:"下井人员必须携带标识卡。各个人员出入井口、重点区域出入口、限制区域等地点应当设置读卡分站。"

《煤矿安全规程》(2016年版)第五百零五条规定:"人员位置监测系

11 施工安全

统应当具备检测标识卡是否正常和唯一性的功能。"

《煤矿安全规程》(2016年版)第五百零六条规定:"矿调度室值班员应当监视人员位置等信息,填写运行日志。"

瓦斯隧道除建立门禁管理系统,对施工人员进行火源安全管理外,还需强化人员定位管理系统和通信联络系统的建立。结合成贵铁路瓦斯隧道施工组织管理的经验,借鉴《煤矿安全规程》(2016年版)第十三条入井人员规定,以及第五百零四条~第五百零六条下井人员位置监测的要求,综合做出本条规定。

11.6.2 进入煤(岩)与瓦斯突出工区的作业人员必须随身携带隔绝式自救器。

【释义】

《煤矿安全规程》(2016年版)第二百二十条规定:"井巷揭穿突出煤层和在突出煤层中进行采掘作业时,必须采取避难硐室、反向风门、压风自救装置、隔离式自救器、远距离爆破等安全防护措施。"

自救器的主要用途是在井下发生火灾、瓦斯(或煤尘)爆炸、煤(岩)与瓦斯突出或二氧化碳突出事故时,供井下人员佩戴脱险,免于中毒或窒息死亡。矿用自救器有过滤式和隔绝式两种类型。由于过滤式自救器仅适用于空气中氧气浓度多于17%、一氧化碳浓度在1.5%以内的环境,使用条件非常有限,安全性较差,已被列入《禁止井工煤矿使用的设备及工艺目录(第三批)》,自2012年1月起禁止使用。

隔绝式自救器:依靠自救器中提供的氧气,供佩戴人呼吸并同外界空气完全隔绝的一种救生装置,如图11-1所示。因本身能产生氧气供佩戴人呼吸,因此不受外界空气中有毒气体的种类及其浓度和氧气含量的限制。在有煤(岩)与瓦斯突出危险的工区,一旦发生瓦斯超标险情,可以通过隔绝式自救器实现安全撤离,因此,必须随身携带隔绝式自救器。

图 11-1　隔绝式自救器

隔绝式自救器有化学氧自救器和压缩氧自救器两种。隔绝式化学氧自救器通过化学生氧物质产生氧气，供人呼吸，呼吸保护器与外界空气隔绝，呼吸方式为循环式闭路呼吸系统，人体呼气进入生氧药罐，药罐产生的氧气进入气囊存起来，吸气时直接吸入气囊中的氧气，完成整个呼吸循环。压缩氧自救器依据高压储氧原理制造，主要由高压系统、呼吸系统及二氧化碳过滤系统等组成，使用时人员呼吸的气体与外界隔绝。两种自救器均具有较高的安全性，但化学氧自救器的生氧过程为放热反应，可能造成人员呼吸气体的温度较高，长时间配用时舒适感较差；压缩氧自救器的体积和质量相对较大，维护工作较为复杂。

11.6.3　瓦斯隧道各道工序、各种作业施工前，必须对作业人员进行安全技术交底和培训。

11.7　应急预案与救援

11.7.1　瓦斯工区应急预案应包括总则、危险性分析、组织机构及职责、预防与预警、应急响应、信息发布、后期处置、保障措施、培训与演练、奖惩等内容，并配置安全防护用品、应急救援物资及消防设施等。

【释义】

本条参照《煤矿安全规程》（2016 年版）和《生产经营单位生产安全事故应急预案编制导则》（GB/T 29639—2013）的规定，结合公路瓦斯隧道的特点，瓦斯隧道应编制"瓦斯隧道安全生产事故应急预案"，并提出了相应的编制内容要求,此外,还应进行培训与演练。

11.7.2 一旦发生瓦斯事故,必须立即启动瓦斯事故救援预案,尽快探明事故发生具体位置、范围、遇险人数,以及洞内瓦斯与通风情况等。

【释义】

一旦发生瓦斯事故,应按照编制的"瓦斯隧道安全生产事故应急预案"执行,事故基本情况应尽快查明,为事故救援提供准备资料。若发生瓦斯突出、瓦斯爆炸事故,事故救援一般由专业救护队完成。

11.7.3 火灾处理应符合下列规定:

1 瓦斯工区发生火灾时,应立即组织人员撤离,启动事故应急救援预案。

2 电气设备着火时,应首先切断电源。

3 不能直接灭火时,可设置防火墙封闭火区。

4 启封火区时应逐段恢复通风,加强有害气体检测;发现复燃征兆时,应立即停止送风,重新封闭火区。

【释义】

瓦斯工区发生火灾,首先应保障人员安全,组织人员撤离。另外,瓦斯工区的火灾可分为两种情况,一种为非瓦斯引起的未成规模小火灾,应尽快灭火,控制规模;另一种为由瓦斯燃烧引起的火灾,应采取针对性方案,由专业队伍实施灭火。

附录 A 煤层瓦斯压力测定方法

A.0.1 煤层瓦斯压力的测定方法按测压方式,即测压时是否向测压孔内注入补偿气体,可分为主动测压法和被动测压法;按测压钻孔封孔的材料不同,可分为胶囊(胶圈)-密封黏液封孔测压法和注浆封孔测压法。

A.0.2 打设测压孔应符合下列规定:

1 钻孔施工前应制定详细的技术及安全措施。

2 钻孔直径宜为 65～95mm,钻孔长度应保证测压所需的封孔深度。

3 钻孔的开孔位置应选在岩石(煤壁)完整的地点。

4 钻孔施工应保证钻孔平直、孔形完整,穿层测压钻孔除特厚煤层外应穿透煤层全厚,对于特厚煤层测压钻孔应进入煤层 1.5～3m。

5 在钻孔施工中,应准确记录钻孔方位、倾角、长度、钻孔开始见煤长度及钻孔在煤层中长度、钻孔开钻时间、见煤时间及钻毕时间。

6 钻孔施工完成后,应立即用压风或清水清洗钻孔,清除钻屑,保证钻孔畅通。

A.0.3 测压钻孔施工完成后应在 24h 内完成钻孔的封孔工作。应在完成封孔工作 24h 后进行测定工作。

A.0.4 采用主动测压法时,只在第一次测定时向测压钻孔注入补偿气体,补偿气体的充气压力宜为预计的煤层瓦斯压力的 1.5 倍;采用被动测压法时,不进行气体补偿。

A.0.5 观测与测定结果的确定应符合下列规定:

1 采用主动测压法时应每天观测一次测定压力表,采用被动测压法应至少 3d 观测一次测定压力表。

2 将观测结果绘制在以时间(d)为横坐标、瓦斯压力(MPa)为纵坐标的坐标图上,当观测时间达到规定时,如压力变化在 3d 内小于 0.015MPa,测压工作即可结束,否则应延长测压时间。

3 在结束测压工作、撤卸表头时(应制定相应的安全措施),应测量从钻孔中放出的水量,如果钻孔与含水层、溶洞导通,则此测压钻孔作废并按有关规定进行封堵;如果测压钻孔没有与含水层、溶洞导通,则需对钻孔水对测定结果的影响进行修正,修正方法可根据测量从钻孔中放出的水量、钻孔参数、封孔参数等进行确定。

4 测定结果按式(A.0.5)确定:

$$p = p_0 + p' \qquad (A.0.5)$$

式中:p——测定的煤层瓦斯压力值(MPa);

p_0——测定地点的大气压力值(MPa),大气压力应采用空盒气压计进行测定,空盒气压计应符合现行《空盒气压计》(QX/T 26)的相关规定;

p'——测压孔内的煤层瓦斯压力(修正)值(MPa)。

5 同一测压地点以最高瓦斯压力测定值作为测定结果。

附录 B 煤的破坏类型分类

表 B 煤的破坏类型分类

破坏类型	光泽	构造及构造特征	节理性质	节理面性质	断口性质	强度
Ⅰ类（非破坏煤）	亮与半亮	层状构造，块状构造，条带清晰明显	一组或二到三组节理，节理系统发育，有次序	有充填物（方解石），次生面少，节理、劈理面平整	参差阶状，贝状，波浪状	用手难以掰开，坚硬
Ⅱ类（破坏煤）	亮与半亮	（1）尚未失去层状；（2）条带明显，有时扭曲，有错动；（3）不规则块状，多棱角；（4）有挤压特征	次生节理面多，且不规则，与原生节理呈网状节理	节理面有擦纹、滑皮，节理平整，易掰开	参差多角	用手极易剥成小块，中等硬度
Ⅲ类（强烈破坏煤）	半亮与半暗	（1）弯曲成透镜状构造；（2）小片状构造；（3）细小碎块，层理较紊无次序	节理不清，系统不发达，次生节理密度大	有大量擦痕	参差及粒状	用手捻成粉末，硬度低
Ⅳ类（粉碎煤）	暗淡	粒状或小颗粒胶结而成，形似天然煤团	节理失去意义，成黏块状		粒状	可捻成粉末，偶尔较硬
Ⅴ类（全粉煤）	暗淡	（1）土状构造，似土质煤；（2）如断层泥状	—	—	土状	可捻成粉末，疏松

附录 C 煤的瓦斯放散初速度测定方法

C.0.1 瓦斯放散初速度指标(Δp)的测定方法有变容变压式和等容变压式。可采用变容变压式测定仪、等容变压式测定仪、试样瓶(容积 5mL)、真空泵、甲烷气源(0.1MPa,纯度大于 99.9%)、分样筛(孔径 0.2mm、0.25mm 各 1 个)、天平(最大称量 100g,最小分度值 0.05g)、漏斗、脱脂棉等仪器设备或用具。

C.0.2 煤样应在煤层新暴露面上采取,煤样质量为 250g。地面打钻取样时,应取新鲜煤芯 250g。煤样应附有标签,注明采样地点、层位、采样时间等。

C.0.3 制样时应将所采煤样进行粉碎,筛分出粒度为 0.2~0.25mm 的煤样。每一煤样应取 2 个试样,每个试样质量为 3.5g。

C.0.4 测定时可按下列步骤进行:

1 将同一煤样的 2 个试样用漏斗分别装入 Δp 测定仪的 2 个试样瓶中。

2 用真空泵对两个试样脱气 1.5h。

3 将甲烷瓶与脱气后的试样瓶连接、充气(充气压力为 0.1MPa),使煤样吸附瓦斯 1.5h。

4 关闭试样瓶和甲烷瓶阀门,使试样瓶与甲烷瓶隔离。

5 开动真空泵对仪器管道进行脱气,使 U 形管汞真空计两端液面相平。

6 停止真空泵,关闭仪器固定空间通往真空泵的阀门,打开试样瓶的阀门,使煤样与仪器被抽空的固定空间相连并同时启动秒表计时。10s

时关闭阀门,读出 U 形管汞真空计两端汞柱差 p_1(mm);45s 时再打开阀门,60s 时关闭阀门,再一次读出汞柱计两端差 p_2(mm)。

C.0.5 瓦斯放散初速度指标 Δp 可按式(C.0.5)计算:

$$\Delta p = p_2 - p_1 \qquad (C.0.5)$$

C.0.6 同一煤样的两个试样测出 Δp 值之差不应大于 1,当 $\Delta p > 1$ 时应重新进行测定。

附录 D 煤的坚固性系数测定方法

D.0.1 煤的坚固性系数(f)测定可采用捣碎筒、计量筒、分样筛(孔径20mm、30mm 和 0.5mm 各 1 个)、天平(最大称量 1 000g,最小分度值 0.01g)、小锤、漏斗、容器等仪器设备或用具。

D.0.2 在煤层采样时,应沿新暴露煤层的上、中、下部分别采取块度为 10cm 左右的煤样各两块,在地面采样时应沿煤层厚度的上、中、下部分别采取块度为 10cm 的煤芯各两块。煤样采出后应及时用纸包上并浸蜡封固(或用塑料袋包严),避免风化。

D.0.3 煤样应附标签,注明采样地点、层位、时间等;煤样的携带、运送不得摔碰。

D.0.4 制样时应把煤样用小锤碎制成 20~30 mm 的小块,用孔径为 20mm 或 30mm 的筛子筛选;称取制备好的试样以 50g 为 1 份,每 5 份为 1 组,共称取 3 组。

D.0.5 测定时可按下列步骤进行:

1 将捣碎筒放置在水泥地板或 2cm 厚的铁板上,放入一份试样,将 2.4kg 重锤提到 600mm 高度,再自由落下冲击试样,每份冲击 3 次,把 5 份捣碎后的试样装在同一容器中。

2 把每组(5 份)捣碎后的试样一起倒入孔径 0.5mm 分样筛中筛分,筛至不再漏下煤粉为止。

3 把筛下的粉末用漏斗装入计量筒,轻轻敲击使之密实,然后轻轻插入具有刻度的活塞尺与筒内粉末面接触。在计量筒口相平处读取 L(粉末在计量筒内实际测量高度,读至毫米)。

1)当 $L \geqslant 30$ mm 时,冲击次数 n 可定为 3 次,按以上步骤继续进行其他各组的测定。

2)当 $L < 30$ mm 时,第一组试样作废,每份试样冲击次数 n 改为 5 次,按以上步骤进行冲击、筛分和测量,仍以每 5 份作为一组,测定 L。

D.0.6 煤的坚固性系数(f)可按式(D.0.6)计算:

$$f = 20\frac{n}{L} \qquad (D.0.6)$$

式中:n——每份试样冲击次数;

L——每组试样筛下煤粉的计算高度(mm)。

测定平行样 3 组(每组 5 份),取算术平均值,计算结果取一位小数。

D.0.7 当取得的煤样粒度未达到测定 f 值所要求粒度(20~30mm)时,可采取粒度为 1~3mm 的煤样按上述要求进行测定,并按式(D.0.7-1)、式(D.0.7-2)换算。

当 $f_{1\sim3} > 0.25$ 时,

$$f = 1.57f_{1\sim3} - 0.14 \qquad (D.0.7\text{-}1)$$

当 $f_{1\sim3} \leqslant 0.25$ 时,

$$f = f_{1\sim3} \qquad (D.0.7\text{-}2)$$

式中:$f_{1\sim3}$——粒度为 1~3mm 时煤样的坚固性系数。

附录 E 钻屑指标法

E.0.1 采用钻屑指标法进行工作面煤(岩)与瓦斯突出危险性预测或防突措施效果检验时,钻屑量可采用质量法或容量法测定:

1 质量法:在钻孔钻进到煤层时,每钻 1m 钻孔,收集全部钻屑,用弹簧秤称量钻屑质量。

2 容量法:在钻孔钻进到煤层时,每钻 1m 钻孔,收集全部钻屑,用量具测量钻屑体积。

E.0.2 预测或措施效果检验钻孔布置和取样工艺应符合下列规定:

1 在岩石段宜采用湿式打钻,钻孔孔径 50～75mm,见煤后退出钻杆,先用压风将孔内泥浆吹净,再用干式打钻直至见到煤层顶板或底板。

2 钻孔数量不得少于 3 个,1 个钻孔位于开挖工作面中部,沿工作面前进方向略偏上布置,另 2 个钻孔分别位于左上角和右上角,终孔点应位于工作面轮廓线外上部 5m、两侧 3m 以外。

3 各钻孔每隔 1m 取 1 个煤样测定钻屑瓦斯解吸指标 K_1 或 Δh_2。当钻孔钻进到预定取样深度前 0.2～0.3m 时,用 1mm 和 3mm 分样筛取样进行筛分,将筛分后的 1～3mm 粒径煤样装入煤样杯或煤样瓶中。在孔口开始接煤样的同时启动秒表,直至开始启动瓦斯解吸仪测量的时间间隔 t_0,t_0 应满足瓦斯解吸仪给定的要求,测定 K_1 指标的要求为 $t_0 \leqslant$ 2min,测定 Δh_2 指标的要求为 $t_0 = 3$min。

4 在钻孔钻至离预定取样深度小于 0.5m 到接取煤样结束前不得停止钻进,否则该煤样应作废。打钻过程中,应保持钻进速度稳定,钻进速度保持在 1m/min 左右,同时保持钻进方位、倾角一致,平稳钻进,以免孔壁煤样混入。

E.0.3 钻屑解吸指标 K_1 的测定可按下列步骤进行：

1 将筛分好的粒径为 1~3mm 煤样装入瓦斯解吸仪的煤样杯口齐平位置。

2 将已装煤样的煤样杯置于煤样罐中，盖好煤样罐盖，转动阀门使煤样与大气连通。

3 秒表计时到时间 t_0，转动阀门使煤样罐与测量系统接通、与大气隔绝，启动仪器。5min 后按仪器提示输入钻孔长度 L、时间 t_0。仪器屏幕显示即为 K_1，单位为 $mL/(g \cdot min^{1/2})$。

E.0.4 钻屑解吸指标 Δh_2 的测定可按下列步骤进行：

1 将筛分好的粒径为 1~3mm 煤样装入瓦斯解吸仪的煤样瓶刻度线齐平位置。

2 将已装煤样的煤样瓶迅速装入瓦斯解吸仪测量室，拧紧测量室上盖，然后打开三通阀，使解吸测量室与大气、水柱计均连通，打开单通旋塞，使仪器室处于暴露状态，同时观察秒表读数。

3 秒表计时到 3min 时转动三通阀，使煤样瓶与测量系统接通，与大气隔绝，秒表计时到 5min 时瓦斯解吸仪的示值即为 Δh_2，单位为 Pa。

E.0.5 钻屑解吸指标 K_1 和 Δh_2 预测煤层突出危险性临界值应符合表 E.0.5 的规定。

表 E.0.5 钻屑解吸指标 K_1 和 Δh_2 临界值

煤 样	指标临界值	
	Δh_2(Pa)	$K_1[mL/(g \cdot min^{1/2})]$
干煤样	200	0.5
湿煤样	160	0.4

附录 F 绝对瓦斯涌出量计算方法

F.0.1 勘察期绝对瓦斯涌出量为掘进隧道煤壁瓦斯涌出量 Q_1 与掘进隧道落煤的瓦斯涌出量 Q_2 之和。

F.0.2 掘进隧道煤壁瓦斯涌出量 Q_1 按式(F.0.2-1)计算:

$$Q_1 = D \cdot v \cdot q_0 \left[2 \left(\frac{L}{v} \right)^{1/2} - 1 \right] \quad (\text{F.0.2-1})$$

式中:D——隧道断面内暴露煤壁面的周边长度(m),对于薄及中厚煤层,$D = 2m_0$,m_0 为开采层厚度;对于厚煤层,$D = 2h + b$,h、b 分别为隧道的高度和宽度;

v——隧道平均掘进速度(m/min);

L——未施作喷射混凝土段隧道长度(m);

q_0——煤壁瓦斯涌出强度[m³/(m²·min)],若无实测值可参考式(F.0.2-2)计算。

$$q_0 = 0.026 [0.0004 (V_{ad})^2 + 0.16] W_0 \quad (\text{F.0.2-2})$$

式中:V_{ad}——煤中挥发分含量(%);

W_0——煤层原始瓦斯含量(m³/t),其测定和计算可参见《地勘时期煤层瓦斯含量测定方法》(GB/T 23249)。

F.0.3 掘进隧道落煤的瓦斯涌出量 Q_2 按式(F.0.3-1)计算:

$$Q_2 = S \cdot v \cdot \rho \cdot (W_0 - W_C) \quad (\text{F.0.3-1})$$

式中:S——掘进隧道断面积(m²);

ρ——煤的密度(t/m³);

W_C——运出隧道后煤的残存瓦斯含量(m³/t),如无实测值可按表 F.0.3 选取或计算。

表 F.0.3 纯煤的残存瓦斯含量取值

挥发分 V_{ad}(%)	6~8	8~12	12~18	18~26	26~35	35~42	42~56
W_C[m³/(t·r)]	9~6	6~4	4~3	3~2	2	2	2

注:1. 煤的残存瓦斯含量也可近似地按煤在 0.1MPa 压力条件的瓦斯吸附量取值。

2. 瓦斯含量小于 10m³/(t·r) 的高变质煤残存瓦斯含量按式(F.0.3-2)计算。

$$W_c = \frac{10.385e^{-7.207}}{W_0} \qquad (\text{F.0.3-2})$$

附录G 绝对瓦斯涌出量实测方法

G.0.1 瓦斯工区内绝对瓦斯涌出量应根据实际通风量与实测稳定回风流中最大瓦斯浓度计算确定。

G.0.2 瓦斯工区内风量及瓦斯浓度测定宜在爆破通风30min后、出渣前进行。

G.0.3 瓦斯工区风速测定仪表可采用机械翼式中速风表(0.5~10m/s)或低速风表(0.3~5m/s),或其他经检验合格的电子叶轮式风表及超声波风速计等。

G.0.4 送风式通风管的送风口距离掌子面应不大于10m。测风断面可选择在距工作面20~30m处的稳定回风流中,测风点及数量可参考图G.0.4-1和图G.0.4-2确定,将隧道断面分为若干格,每格内测风1min。当风速较小、无法采用机械风表准确测定风速时,可采用风管出口风速和风管断面积参数计算压入新鲜风量。

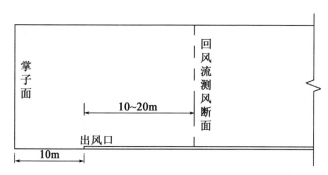

图G.0.4-1 风速测点布置断面图

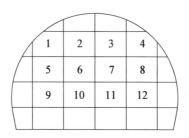

图 G.0.4-2 风速测点示意图

G.0.5 测风步骤应符合下列规定：

1 测风断面前后 10m 内应无分支风流、无拐弯、无障碍、断面无变化。测风员进入开挖工作面待测断面处，应先估测风速范围后选用相应量程的风表。

2 测风方法可选用迎风法或侧身法。采用侧身法时，将风表回零，人背向隧道侧壁，伸直手臂，手持风表，与风流方向垂直，并使风表背面正对风流方向，在断面处每格中的每个点每次测定 **1min**，读取风表读数，并记录在表 **G.0.9** 中。

3 测风时，每个测点测风次数应不少于 **3** 次，每次测量误差不应超过 **5%**，取 3 次测风结果的平均值。如果测量误差大于 **5%**，应增加 **1** 次测风。

4 测风结束后，应测量测风断面尺寸，计算测风断面面积。

5 应将测风数据和隧道开挖断面尺寸参数记录在测风表中。

G.0.6 测点表速按式(G.0.6-1)计算，并根据表速查风表校正曲线或按式(G.0.6-2)求出隧道测风断面真风速 $v_{真}$。

$$v_{表} = \frac{n}{t} \quad (G.0.6\text{-}1)$$

式中：$v_{表}$——测点表速(格/s)；

n——3 次测风风表读数的平均值(格/s)；

t——测风时间(s)，一般为 60s。

$$v_{真} = a + bv_{表} \quad (G.0.6\text{-}2)$$

式中：$v_真$——真风速(m/s)；

　　a——表明风表启动初速度的常数；

　　b——校正常数,决定于风表的构造尺寸。

G.0.7　测风断面实际平均风速,按式(G.0.7)对真风速$v_真$进行校正后确定。

$$v_均 = kv_真 \quad (G.0.7)$$

式中：$v_均$——测试断面实际平均风速(m/s)；

　　k——修正系数,与测风方法有关,迎风法$k=1.14$;侧身法$k=(S-0.4)/S$,其中S为测风断面面积(m^2),0.4为测风员阻挡风流面积(m^2)。

G.0.8　测风断面的隧道通风量,按式(G.0.8)计算确定。

$$Q = 60Sv_均 \quad (G.0.8)$$

式中：Q——通过隧道的风量(m^3/min)；

　　S——隧道断面积(m^2)。

G.0.9　开挖工作面附近瓦斯浓度的测定应符合下列规定：

1　测量瓦斯应在瓦斯工区风流范围内进行,测量瓦斯断面前后**10m**内无拐弯、无障碍、断面无变化,测点距拱顶、侧壁、底板各**250mm**处。

2　开挖工作面附近检测瓦斯断面位置可按图**G.0.9-1**确定,检测点可按图**G.0.9-2**确定,但应重点在隧道风流的上部即拱顶部位进行。

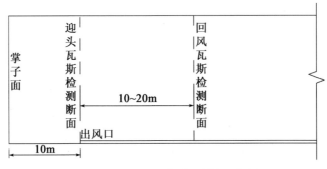

图 G.0.9-1　瓦斯检测断面布置

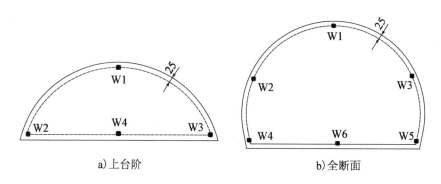

图 G.0.9-2 瓦斯检测断面测点示意图(尺寸单位:cm)

3 每个测点处的瓦斯浓度应连续检测 3 次,取其平均值。

4 测风断面应同时测定瓦斯浓度。

5 将瓦斯检测记录表中最大瓦斯浓度登记在表 G.0.9 中。

表 G.0.9 施工阶段瓦斯工区风速与瓦斯浓度记录表

工程名称:			测试断面桩号:		掌子面桩号:			年 月 日		
序号	实测最大瓦斯浓度(%)	断面尺寸(m)		测点断面面积(m^2)	风表读数(转/min)				实际风速(m/s)	计算风量(m^3/min)	计算绝对瓦斯涌出量(m^3/min)
	CH_4	宽度	高度		一	二	三	表速			
1											
2											
3											
4											
…											
分析及结论:											
测风:			记录:		计算:			审核:			

G.0.10 瓦斯工区绝对瓦斯涌出量可根据式(G.0.10)计算:

附录G 绝对瓦斯涌出量实测方法

$$Q_{CH_4} = Q\omega_{max} \quad (G.0.10)$$

式中：Q_{CH_4}——瓦斯工区内绝对瓦斯涌出量（m^3/min）；

Q——隧道断面通风量（m^3/min）；

ω_{max}——稳定回风流中实测最大瓦斯浓度（%）。

附录 H 瓦斯自动监控报警与断电系统

H.0.1 自动监控报警与断电系统应包括主控计算机、洞内分站、高浓度瓦斯传感器、低浓度瓦斯传感器、风速传感器、远程断电仪、报警器、设备电源和备用电源、电缆、防雷设施等。

H.0.2 传感器的布置应符合下列规定：

1 瓦斯传感器：在开挖工作面迎头及距出风口20m回风流处、模板台车前后、横通道、巷道式通风的回风巷、局部通风机附近、错车带、洞内变压器集中安设处或机电设备洞室的进风侧，应设置瓦斯传感器。

2 风速传感器：安装在距出风口20m回风流处、防水板台车处、已衬砌地段回风流处、巷道式通风回风巷等主要测风站。

3 一氧化碳传感器、温度传感器：在煤层易自燃或有煤尘爆炸危险的瓦斯工区地段，应设置一氧化碳传感器和温度传感器。模板台车前应布置温度传感器。

4 设备开停传感器、馈电状态传感器：瓦斯工区使用的主通风机、局部通风机应设置设备开停传感器。主要风门应设置风门传感器。被控设备开关的负荷侧应设置馈电状态传感器。

5 应根据传感器的数量及种类，按控制要求配置远程断电仪。

6 在满足上述要求的情况下，结合工程实际情况，可调整增加各种传感器的种类和数量。

H.0.3 自动监控报警与断电系统的安装应符合下列规定：

1 洞口主控计算机监控中心：

1）洞口主控计算机监控中心机房应设置在隧道进口、出口安全位置。机房基本环境应符合现行《计算机场地通用规范》（GB/T 2887）的要求。

动力、温度、防尘、防静电、防雷击等应采取措施满足相应的指标要求。

2) 机房设专用配电箱,使用前对电源进行检测,满足供电电压和频率偏移要求。采用双路两级稳压电压供电,第一级为交流稳压器,供一台UPS及其他计算机外设;第二级为UPS,其输出主要供主控计算机,UPS供电时间应不少于 10min。

2 洞内分站:分站应安装在系统维护人员易于观察、调试、检修、维护的位置,同时应远离可燃物、杂物等,无滴水积水,方便安装。洞内分站安装时应垫支架,支架距离地面应不小于 300mm 并可靠接地,接地电阻应小于 2Ω。应设专用配电箱,使用前对电源进行检测,分站电源箱所接入的动力电缆及控制电缆,应与所配密封圈相匹配。接线端子与外接电压等级应相符。

3 瓦斯断电仪和瓦斯风电闭锁装置:应装设瓦斯断电仪和瓦斯风电闭锁装置的监控系统,远程断电使用 $1.5mm^2$ 电缆,分站到被控开关距离应小于 30m。严禁使用 DW 系列开关作为被控开关,被控开关应使用磁力防爆开关。在断电安装完成后,应在隧道内用 1% 的标准气样检测是否正常断电。独立的声光报警箱悬挂位置应满足报警声能让附近的人听到的要求。

4 阻燃专用传输电缆:

1) 监控中心机房到工区内的通信电缆应选用铠装电缆、不延燃橡套电缆或矿用塑料电缆。

2) 各设备之间的连接电缆需加长或分支连接时,被连接电缆的芯线盒应用螺钉压接,不得采用电缆芯线导体直接搭接或绕接。接线盒应使用防爆型。

3) 电缆线多路同向延伸布设时,可将其绑扎成束,固定在隧道洞壁上,支撑点间距不得大于 3m,与电力电缆的间距不得小于 0.5m,以防电磁干扰。

5 传感器安装:所有传感器的安装应充分考虑吊点、支撑及卡固强度、传感器接线走向及固定等。安设点应保证传感器位于系统维护人员易于观察、调试、检修、维护的位置,传感器前后无障碍物,并确保安装点无滴水、积水。

1) 甲烷传感器宜自由悬挂在拱顶以下 25cm 处,其迎风流和背风流 0.5m 内不得有阻挡物。悬挂处应支护良好,无滴水,走台架过程等不会损坏传感器。工作面迎头安装的瓦斯传感器距离工作面应不大于 5m。洞口瓦斯传感器宜距离洞口 10~15m。用于监测局部通风机进风流的瓦斯传感器除应满足上述要求外,尚应考虑安装在典型的进风流中。

2) 风速传感器安装在主要测风站处,安装点前后 10m 内无分支风流、无拐弯、无障碍、断面无变化,能准确检测和计算测风断面平均风速、风量的位置。隧道拱顶应干燥、无明显淋水,不影响行人和行车。传感器探头风流指向与风流方向应一致,偏角不得大于 5°。吊挂时必须固定,传感器不得左右摇摆。

3) 一氧化碳传感器、温度传感器及压力传感器应垂直悬挂在隧道拱顶上部,并不影响行人和行车,方便安装、维护工作。

4) 对设风门的瓦斯工区,应安装风门传感器,在满足上述通用要求的基础上,根据风门的结构现场固定。

5) 设备开、停传感器主要用于监测瓦斯工区内机电设备(如主风机、局部通风机、水泵等)的开、停状态。安装时应将本安电源及输出信号与系统电源及信号输入口对应接线正确,在负荷电缆上按传感器调整要求寻找合适的位置卡固好传感器,即可正常工作。

H.0.4 瓦斯传感器和自动断电仪的报警设置应符合下列要求:

1 巷道式通风时,瓦斯自动监控报警与断电系统中的传感器布置可按图 H.0.4-1 进行。

2 压入式通风时,瓦斯自动监控报警与断电系统中的传感器布置可按图 H.0.4-2 进行。

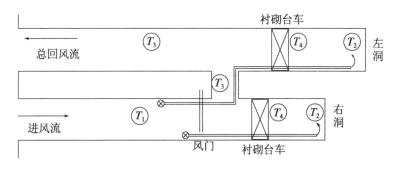

⊗：局部通风机；T_1~T_4：瓦斯探头。

图 H.0.4-1 巷道式通风瓦斯自动监测传感器布置

断电浓度：$T_1 \geq 0.5\%$；

$T_2 \geq 1.0\%$；

$T_3 \geq 1.0\%$；

$T_4 \geq 1.0\%$。

断电范围：T_1：局部通风机及其供风立通道中的全部电气设备；

T_2：开挖工作面及其附近 20m 内全部电气设备；

T_3：总回风道中及开挖工作面和进风道中全部电气设备；

T_4：二次衬砌台车至开挖工作面之间的全部电气设备。

H.0.5 瓦斯自动监控报警与断电系统的维护和管理应符合下列规定：

1 瓦斯工区施工期间，应成立专门的瓦斯自动监控报警与断电系统使用、维护及维修中心。

2 瓦斯自动监控报警与断电系统安装后应每月对监控系统进行定期检查、校正。甲烷传感器等采用载体催化元件的检测元件，应每 7d 使用校准气样和空气样调校 1 次。应每 7d 对甲烷超限断电功能进行测试。

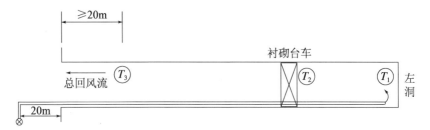

⊗：通风机；T_1~T_3：瓦斯探头。

图 H.0.4-2　压入式通风瓦斯自动监测传感器布置

断电浓度：$T_1 \geqslant 1.0\%$；

　　　　　$T_2 \geqslant 1.0\%$；

　　　　　$T_3 \geqslant 1.0\%$。

断电范围：T_1：开挖工作面及其附近 20m 内全部电气设备；

　　　　　T_2：二次衬砌台车至开挖工作面之间的全部电气设备；

　　　　　T_3：已衬砌地段的全部电气设备。

附录 J 煤层瓦斯含量直接测定方法

J.0.1 煤层瓦斯含量直接测定方法适用于在现场利用解吸法直接测定煤层瓦斯含量。

J.0.2 取样位置距煤层垂直距离不应小于 5m。煤样从暴露到被装入煤样罐密封所用的实际时间不应超过 5min，同时做好采样记录工作。

J.0.3 井下自然解吸瓦斯量的测定可按下列步骤进行：

1 井下自然解吸瓦斯量测定采用排水集气法（图 J.0.3）。

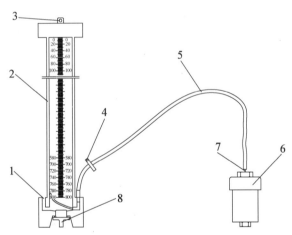

图 J.0.3 瓦斯解吸速度测定仪与煤样罐连接示意图

1-排水口；2-量管；3-吊环；4-弹簧夹；5-排气管；6-煤样罐；7-穿刺针头或阀门；8-底塞

2 每间隔一定时间记录量管读数及测定时间，连续观测 60～120min 或解吸量小于 $2cm^3/min$ 为止。开始观测前 30min 内，每隔 1min 读一次数，以后每隔 2～5min 读一次数，记录观测结果和气温、水温及大气压力。

3 测定结束后，密封煤样罐，并将煤样罐沉入清水中，仔细观察

10min,如果发现气泡冒出,则该试样作废重新取样;如不漏气,送试验室继续测定。

J.0.4 采用真空法测定残存瓦斯含量可按下列步骤进行:

1 首先进行气密性检查,然后对仪器左侧真空系统进行抽气,达到最大真空度时停泵,真空计水银液面 **10min** 保持不下降为合格,然后关闭真空计,通过穿刺针头及真空胶管将煤样罐与脱气仪连接。

2 煤样首先在常温下脱气(图 **J.0.4**),直至真空计水银液面不动为止,每隔 **30min** 重新抽气,一直进行到 **30min** 内泄出瓦斯量小于 **10cm³**。

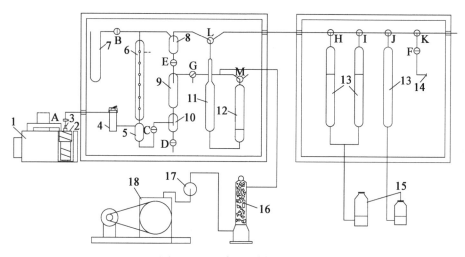

图 J.0.4 真空脱气装置

1-超级恒温器;2-煤样罐;3-穿刺针头;4-滤尘管;5-集水瓶;6-冷却管;7-水银真空计;8-隔水瓶;9-吸水管;10-排水瓶;11-吸水瓶;12-真空瓶;13-量管;14-取气支管;15-水准瓶;16-干燥管;17-分隔球;18-真空泵;A-螺旋夹;B~F-单向活塞;G~K-三通活塞;L、M-120°三通活塞

3 常温脱气后,再将煤样加热至 **95~100℃** 恒温,脱气后关闭真空计,取下煤样罐,迅速取出煤样并立即装入球磨罐中密封。

4 在球磨罐中将煤样粉碎到粒度小于 **0.25mm** 的质量超过 **80%**,脱气后测量瓦斯解吸量,记录量管度数、大气压力、气压表温度及室温,称量煤样质量。

J.0.5 采用常压自然解吸法测定残存瓦斯含量可按下列步骤进行：

1 检查装置气密性后通过胶管将煤样罐与常压自然解吸装置连接（图 J.0.5）。

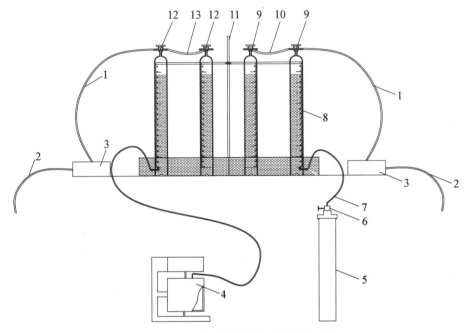

图 J.0.5 常压自然解吸测定装置

1-抽气管;2-排气管;3-微型真空泵;4-粉碎机料钵;5-煤样罐;6-阀门;7-进气管;8-量管;9-大量管阀门;10、13-连接胶管;11-试验架;12-小量管阀门

2 在解吸管中充水至一定刻度，读取并记录量管液面初始读数，缓慢打开煤样罐阀门，隔一定时间间隔读取一次瓦斯解吸量，时间长短取决于解吸速度。

3 当解吸一段时间后，在5min内玻璃管内不再有气泡冒出时解吸完毕，读取并记录解吸量管液面终止读数、环境温度、大气压力、煤样送达试验室和开始地面解吸的时间以及煤样质量。

4 取两份等量的二次煤样，质量为100~300g，煤样称量质量后逐次放入粉碎机料钵内，用有密封圈的盖子密封严实，解吸管充水至一定刻度并记录初始读数，用胶管连接解吸量管与粉碎机气嘴，然后进行煤样粉碎。

5 运行时观测解吸瓦斯量体积,粉碎结束时记录量管终止读数,与初始读数之差即为解吸瓦斯体积,同时记录大气压力、室温。粉碎到95%煤样通过60目(0.25mm)的分样筛时为合格。

J.0.6 可按式(J.0.6)将瓦斯解吸过程中得到的煤样量管度数换算为标准状态下体积。

$$V'_t = \frac{273.2}{101.3 \times (273.2 + T_w)}(p_1 - 0.00981h_w - p_2)V_t \quad (J.0.6)$$

式中:V'_t——换算为标准状态下的气体体积(cm^3);

V_t——t时刻量管内气体体积(cm^3);

p_1——大气压力(kPa);

T_w——量管内水温(℃);

h_w——量管内水柱高度(mm);

p_2——T_w时水的饱和蒸气压(kPa)。

J.0.7 可按式(J.0.7)将采用脱气法测量的脱气气体体积换算到标准状态下的体积。

$$V'_{T_n} = \frac{273.2}{101.3 \times (273.2 + T_n)}(p_1 - 0.0167C_0 - p_2)V_{T_n} \quad (J.0.7)$$

式中:V'_{T_n}——换算为标准状态下的气体体积(cm^3);

V_{T_n}——在试验室温度T_n、大气压力P_1条件下量管内的气体体积(cm^3);

T_n——试验室温度(℃);

C_0——气压计温度(℃);

p_2——在室温T_n下饱和食盐水的饱和蒸气压(kPa)。

J.0.8 可根据煤样开始暴露一段时间内V与$\sqrt{t_0+t}$的直线关系,按式(J.0.8-1)计算瓦斯损失量。

$$V = K \cdot \sqrt{t+t_0} + V'_{损} \quad (J.0.8\text{-}1)$$

式中：V——t 时间内的累计瓦斯解吸量（cm^3）；

K——待定常数；

$V'_{损}$——暴露时间 t_0 内的瓦斯损失量（cm^3），t_0 按式（J.0.8-2）计算：

$$t_0 = t_2 - t_1 \quad\quad\quad (J.0.8-2)$$

t_2——取煤芯开始时刻（时:分:秒）；

t_1——装罐结束时刻（时:分:秒）。

注：计算 $V'_{损}$ 值前首先以 $\sqrt{t_0+t}$ 为横坐标、V 为纵坐标作图，由图大致判定呈线性关系的测点，然后根据这些点的坐标值，按最小二乘法或作图法求出 $V'_{损}$ 值。

J.0.9 采用常压自然解吸法测定时，常压不可解吸瓦斯量可按式（J.0.9）计算，或采用现行《煤的甲烷吸附量测定方法（高压容量法）》（MT/T 752）中的方法测定的常压吸附量。常压吸附瓦斯量与标准大气压状态下游离瓦斯含量之和即为常压不可解吸瓦斯量。

$$X_b = \frac{0.1ab}{1+0.1b} \times \frac{100-A_{ad}-M_{ad}}{100} \times \frac{1}{1+0.31M_{ad}} + \frac{\pi}{\gamma} \quad (J.0.9)$$

式中：X_b——煤在标准大气压下的不可解吸瓦斯量（cm^3/g）；

a——煤的瓦斯吸附常数，试验温度下煤的极限吸附量（cm^3/g）；

b——煤的瓦斯吸附常数（MPa^{-1}）；

A_{ad}——煤的灰分（%）；

M_{ad}——煤的水分（%）；

π——煤的孔隙率；

γ——煤的视密度（g/cm^3）。

J.0.10 采用脱气法测定时，煤层瓦斯含量包括井下解吸瓦斯量、损失瓦斯量、粉碎前脱气瓦斯量和粉碎后脱气瓦斯量。

J.0.11 采用常压自然解吸法测定时,煤层瓦斯含量包括井下解吸瓦斯量、损失瓦斯量、粉碎前解吸瓦斯量、粉碎后解吸瓦斯量和不可解吸瓦斯量。

附录 K 钻孔瓦斯涌出初速度测定方法

K.0.1 钻孔瓦斯涌出初速度的测定,可采用 1.2kW 电煤钻、42mm 直径麻花钻杆(10m)、镀锌白铁皮水桶、弹簧秤(量程 25kg)、初速度测定装置一套、水银温度计(0~50℃)、管钳、秒表、高压气枪、煤气表等仪器设备。

K.0.2 测试过程中,当钻孔进入煤层后,应换电煤钻钻孔,并启动秒表。钻进速度宜控制在 1m/min 左右。每钻完 1m 煤孔后,应立即撤出钻杆,插入钻孔瓦斯涌出初速度测定装置。应在 2min 后开始读取瓦斯涌出量值,然后关闭通向煤气表的阀门,读出压力表上显示的瞬间解吸压力值。在测定瓦斯涌出量前,测定 K_1 值的煤样采集与钻粉量的收集应一并完成。当钻孔瓦斯涌出量大于 6L/min 时,应在第 5min 后继续读取 1min 瓦斯涌出量并计算衰减系数,当衰减系数 α 小于或等于 0.65 时,煤层有突出危险。

K.0.3 钻孔速度应严格控制,钻杆拖动煤粉时,必须控制孔径扩大。

K.0.4 孔位应选在排放孔之间或瓦斯排放空白区煤层的软分层中。

K.0.5 钻杆进尺应有明确的标记,接煤粉的容器应保证煤粉能全部进入容器内。

K.0.6 初速度测定装置的封孔压力必须保持在 0.25MPa,保证封孔严密,初速度测试结果准确。

K.0.7 初速度测定装置各段连接处,应配有胶垫,保证气密性。测试管胶端的小孔应通畅无阻,避免煤粉堵塞小孔造成涌出量降低。

K.0.8 钻孔瓦斯涌出初速度测定方法的具体操作步骤和要求可参考现行《钻孔瓦斯涌出初速度的测定方法》(MT/T 639)和《防治煤与瓦斯突出细则》(2019年)中第九十一条相关规定。

附件1 非煤系地层瓦斯隧道勘察及评价案例

1 概 况

四川西部山区某四车道高速公路分离式隧道,长约13km,最大埋深1 092m,属特长隧道。据调绘、物探、钻探等综合勘察,地应力测试评价隧道地应力最高量值为34.73MPa,隧道围岩主要为古生界泥盆系中统三河口组,主要为泥质板岩、砂岩,局部夹炭质板岩,其间在隧道中部区域分布有印支期花岗斑岩侵入体,该地层具备一定的生烃能力。经初步分析,隧道有遇到瓦斯等有害气体的可能。勘察前收集了附近同地层二级公路隧道的施工资料,并未发现瓦斯。本隧道勘察实施了地质调绘、音频大地电磁法贯通物探工作,对11个深孔、6个浅孔进行钻探取样及测试工作,钻孔中均未揭露煤层煤线,随即进行了钻孔内相关取样测试工作,完成的与瓦斯隧道勘察相关的测试工作量见附表1-1。

附表1-1 某四车道高速公路分离式隧道测试工作量统计表

序号	工 作 内 容	工 作 数 量
1	取岩样进行孔隙度和渗透率测试	4组
2	取气样进行浓度与成分分析	4组
3	取岩样进行薄片鉴定	10组
4	取岩样进行等温吸附试验	10组
5	取岩样进行荧光试验	6组
6	取岩样进行氯仿试验	10组
7	取岩样进行热解试验	10组

2 区域地质构造、岩性情况

工区位于四川西北部的文县弧形构造带、西部的岷江—雪山—虎牙关断裂带和东南部的龙门山断裂带所围限的楔形地块上。地块内构造形迹主要受控于上述三大构造带,但后期受文县弧形构造影响均呈现向南突出的弧形弯曲。印支期受南北向构造运动的强烈挤压,形成的一系列近东西向褶皱和断层构成了该区构造的基本格架。工区褶皱较发育,且规模较大,延伸数十至近百公里。隧道位于背斜与弧形构造带交界部位,隧址区发育有多条断裂构造(附图1-1)。

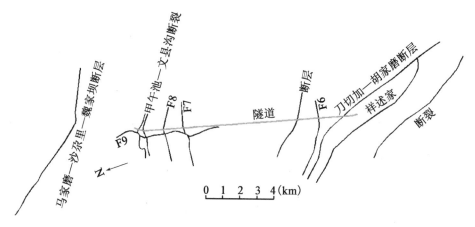

附图1-1 隧址区主要断裂构造示意图

隧道穿越中泥盆统三河口组第一岩性段(D_{2S1+2}^1)和第二岩性段(D_{2S3}^1)。

第一岩性段为一套碎屑岩,以深灰色砂岩、粉砂岩及黑色泥砂质板岩、炭质板岩等浅变质岩为主,夹硅质砾岩、硅质岩、灰岩透镜体。

第二岩性段上部为灰色灰岩夹泥灰岩,偶夹假砾或燧石团块;下部为灰色砂质板岩,粉、细砂岩,夹薄层灰岩、石英岩及赤铁矿多层。底部以薄层灰岩与第一岩性段分界。

从隧址区地表和钻孔岩芯来看,岩样大都为黑色泥砂质板岩、炭质板岩、灰色灰岩、泥灰岩,初步判断是具有较强生烃能力的岩石(附图1-2～附图1-4)。

附图1-2 隧址区灰黑色炭质板岩

附图1-3 钻孔ZK2-15岩芯　　　附图1-4 钻孔ZK7岩芯

3 隧道钻孔瓦斯等有害气体现场检测

3.1 检测目的

通过隧道钻孔瓦斯等有害气体测试,研究有害气体来源,分析隧道段有害气体储量及隧道开挖过程中可能的涌出量,探讨隧道施工中遇到有害气体的可能性和危害性大小,为隧道设计与施工提供基础资料。

3.2 检测方法和手段

检测主要采用现场钻孔孔口直接测试、孔底测试和取样室内试验相结合的方法进行。

(1) 现场直接测试:采用 SL-808A 天然气、液化石油气检测仪现场测定瓦斯。该仪器报警点范围为 $5 \times 10^{-6} \sim 100 \times 10^{-6}$,采用泵吸式吸入钻孔内气体进行检测。通过该仪器可现场确定隧道钻孔内有无瓦斯逸出及逸出的含量、速度、压力,瓦斯测试主要是在钻孔孔口进行;采用深孔有害气体检测仪在钻孔孔底或地下水位以上直接测试硫化氢、二氧化硫和高浓度一氧化碳含量。

(2) 现场取样:

一般岩样采集:现场采集钻孔炭质板岩和灰色砂岩岩样各6组,进行室内岩性、结构、构造、孔隙度和渗透率试验。

炭质岩样采集:在隧址区地表露头采集炭质岩样18组,按试验要求密封,送室内进行煤样工业分析;采集黑色泥砂质炭质板岩6组,进行室内生烃试验。

气样采集:现场利用大气采样仪在钻孔孔口采集3组气样,进行瓦斯成分分析试验;利用深孔有害气体采样仪在钻孔孔底采集3组气样,进行室内有害气体成分分析试验。

(3) 室内试验:现场采取岩芯,送试验室进行岩石的岩性、结构、构造、孔隙度、渗透率以及荧光性等测试,判定岩石是否有油气浸染及存储油气的可能性,确定油气在岩石中的渗透性。

4 室内试验结果及分析

4.1 岩石薄片鉴定

三河口组地层中灰色炭质砂岩、含粉砂泥岩和煤层中都含有大量的有机质,都是良好的烃源岩,都有产生瓦斯的能力;变质砂岩和白云岩裂缝较为发育,裂缝可以成为瓦斯储存空间,易聚集瓦斯。

4.2 岩石孔渗试验

试验表明,三河口组岩石孔隙度均较低,含泥岩屑长石砂岩孔隙度为 3.73%,渗透率为 $0.0004469 \times 10^{-3} \mu m^2$;似煤的炭质岩样孔隙度为 1.148%,渗透率为 $0.0002289 \times 10^{-3} \mu m^2$;白云岩孔隙度为 2.13%,渗透率为 $0.0422440 \times 10^{-3} \mu m^2$。从上述数据可以看出,三河口组地层岩性为低孔低渗岩石。

4.3 岩石等温吸附试验

岩石在压力为 8MPa 情况下解析出的瓦斯体积介于 $0.28 \sim 2.05 m^3/t$,判断隧址区岩石具有较高的瓦斯吸附能力和解析能力。

4.4 岩石荧光试验

原油浸染物质在紫外光激发下能发出荧光。根据这一特性设计的荧光仪常用来研究岩石中分散沥青状态。石油生产部门则把它用来在不粉碎原岩石样品的条件下观察沥青、油样在岩石中的含量及分布状态,从而判断沥青、油样为原生或次生,以及判断石油运移方向等,同时再结合其他地球化学指标评价石油的生、储能力。利用新加坡进口 TACT 简易荧光分析仪对隧道附近露头岩样和深孔岩芯进行荧光测试,测试岩样主要为黑色、灰黑色炭质页岩和灰岩,测试结果显示,无论是黑色炭质页岩还是黑色灰岩,均没有明显的荧光反映,隧道埋深范围内的地层没有石油浸染现象,说明这些地层的油气已处于过成熟阶段,即已处于生气阶段,而不是生油阶段,隧道在穿越这些地层时遇见天然气(瓦斯)的可能性更大。

4.5 岩石氯仿试验

氯仿沥青"A"是用氯仿从岩石中抽提出来的有机质,也就是能溶于氯仿的可溶有机质。总烃是指氯仿沥青"A"中饱和烃和芳香烃组分。氯仿沥青"A"含量和总烃含量也是最常用的有机质丰度指标之一。氯仿沥青"A"含量用其占岩石质量的百分数表示,总烃含量用其占岩石质量的百万分数(10^{-6})表示。岩石氯仿沥青含量检测结果见附表1-2。

附表1-2 岩石氯仿沥青含量检测结果

试 验 编 号	来 样 编 号	氯仿沥青(%)
Q1605989	YY1	0.018 1
Q1605990	YY2	0.003 3
Q1605991	YY3	0.006 1
Q1605992	YY4	0.004 2
Q1605993	YY5	0.013 8
Q1605994	YY6	0.022 6
Q1605995	YY7	0.021 6
Q1605996	YY8	0.029 2
Q1605997	YX1	0.015 7
Q1605998	YX2	0.023 9

根据《陆相烃源岩地球化学评价方法》(SY/T 5735—1995)评价指标(附表1-3)可知,当氯仿沥青"A"大于0.015%时为生油岩类型。从附表1-2中可知,10组样中,岩石氯仿沥青值介于0.003 3% ~ 0.029 2%,其中有6组样大于0.15%,为生油岩类型,其余4组相对生油能力较差,说明隧址区岩石具有良好—很好的生烃能力。

附表1-3 《陆相烃源岩地球化学评价方法》(SY/T 5735—1995)中有机质丰度评价指标

指　　标	湖盆水体类型	非生油岩	生油岩类型			
			差	中等	好	最好
TOC(%)	淡水—半咸水	<0.4	0.4 ~ 0.6	>0.6 ~ 1.0	>1.0 ~ 2.0	>2.0
	咸水—超咸水	<0.2	0.2 ~ 0.4	>0.4 ~ 0.6	>0.6 ~ 0.8	>0.8
"A"(%)		<0.015	0.015 ~ 0.050	>0.050 ~ 0.100	>0.100 ~ 0.200	>0.200
HC(10^{-6})		<100	100 ~ 200	>200 ~ 500	>500 ~ 1 000	>1 000

附表1-3(续)

指　　标	湖盆水体类型	非生油岩	生油岩类型			
			差	中等	好	最好
(S1+S2)(mg/g)			<2	2~6	>6~20	>20

注:表中评价指标适用于成熟度较低(R_0=0.5%~0.7%)烃源岩的评价,当热演化程度高时,由于油气大量排出以及排烃程度不同,导致上列有机质丰度指标失真,应进行恢复后评价或适当降低评价标准。

4.6 岩石热解试验

岩石热解是一种快速评价烃源岩的方法。该方法是由法国石油研究院(FPI)提出,其基本原理是将烃源岩样品放在仪器中加热,对其进行热解,然后根据其生成产物的类型和数量来对烃源岩进行评价。根据10个样品的岩石热解试验成果可知,其岩石热解值T_{max}(℃)介于430~490℃,有机质成熟度属于成熟—高成熟阶段,说明隧址区岩石生烃能力较强。

4.7 气相色谱试验

钻孔终孔封闭24h,在现场测试结束后采用大气取样仪马上进行取样,利用密封气袋装样送试验室分析。根据《天然气的组成分析 气相色谱法》(GB/T 13610—2014),室内采用气相色谱法对2组气样进行成分和含量分析试验,结果见附表1-4。

附表1-4 气体组分检测结果

	试验编号	HTL-ZK7-01	HTL-ZK7-02	HTL-ZK2-15-01	HTL-ZK2-15-02
	来样编号	HTL-ZK7-01	HTL-ZK7-02	HTL-ZK2-15-01	HTL-ZK2-15-02
	样品状态	密封的气袋	密封的气袋	密封的气袋	密封的气袋
	取样深度(m)	194.3	194.3	365.8	365.8
气体组分	O_2(10^{-2}mol/mol)	21.56	21.74	20.4	20.32
	N_2(10^{-2}mol/mol)	77.52	77.48	77.42	77.41
	CH_4(10^{-2}mol/mol)	0.77	0.58	2.01	2.12
	CO_2(10^{-2}mol/mol)	0.14	0.18	0.16	0.14
	C_2H_6(10^{-2}mol/mol)	0.01	0.02	0.01	0.01
	C_3H_8(10^{-2}mol/mol)	微量	微量	微量	微量

试验表明,4 组均含二氧化碳和瓦斯,其中钻孔 ZK7 瓦斯含量分别为 0.77% 和 0.58%;钻孔 ZK2-15 瓦斯含量分别为 2.01% 和 2.12%。此外两个钻孔还含有微量其他含碳气体。由于钻孔有水,取样是在孔口进行,所以本次室内气相色谱试验未发现其他有害气体。

4.8 气样同位素试验分析

隧道共取含碳气样 3 组(附表 1-5),其含量分别为 1.8%、1.2% 和 2.4%,$\delta^{13}C_{CO_2}$ 含量分别为 -1.16%、-1.22%、-0.91%,根据不同成因 CO_2 分区标准划分见附表 1-6,隧道含碳气体为有机与无机混合气。

附表 1-5 含碳气样同位素测试结果统计

样品编号	CO_2 含量(%)	$\delta^{13}C_{CO_2}$ 含量(%)	成因分区	成因类型
ZK7-1	1.8	-1.16	Ⅲ区	有机与无机混合气
ZK7-2	1.2	-1.22	Ⅲ区	有机与无机混合气
ZK2-15-1	2.4	-0.91	Ⅲ区	有机与无机混合气

附表 1-6 不同成因 CO_2 分区标准划分

分区	Ⅰ区	Ⅱ区	Ⅲ区	Ⅳ区
成因	有机成因	无机成因	有机无机共存	有机与无机混合气
CO_2 含量(%)	<10	0~100	10	10~60
$\delta^{13}C_{CO_2}$ 含量(%)	<-1.0	-0.8	-0.8~-1.0	-0.8~-1.3

5 瓦斯气体成因与来源分析

根据天然气的来源,按其成因可分为无机成因和有机成因两大类。从本隧道所处构造位置和变质地层岩性来看,其无机成因天然气和有机成因天然气均有可能出现。

隧道穿越地层分布大量黑色和灰黑色炭质板岩,这些浅变质的炭质板岩中夹杂有母岩煤渣、煤屑,含有大量有机质,它们在成岩过程中也会产生较多天然气,成为油型气中的裂解干气或石油伴生气,但它们的本质是有机成因的天然气。

隧道构造上处于秦岭造山带、松潘甘孜造山带和扬子陆块衔接部位,三大陆块碰撞之地,地质构造十分复杂,强烈的挤压作用、变质作用、岩浆侵入作用频繁,所以从构造上看,隧址区有产生无机成因瓦斯气体的地质环境条件。

隧址区瓦斯主要为煤成气类型、天然气类型以及无机成因类型,其中的无机成因类型主要为岩浆以及变质作用成因类型。定性判定本隧道为瓦斯隧道。

6 基于钻孔瓦斯检测浓度的隧道掌子面瓦斯逸出量估算

6.1 瓦斯气体逸出量计算

对于隧道工程来讲,仅仅知道瓦斯储量是不够的,隧道开挖过程中瓦斯可能的逸出量才是最为重要的,也只有能自由逸出的瓦斯才会对隧道工程产生危害。所以,利用瓦斯储量计算公式,瓦斯逸出量估算公式可修改为式(附1-1):

$$G_y = \frac{A_g \cdot h \cdot \phi \cdot c_p}{B_{gi}} \quad \text{(附 1-1)}$$

式中:G_y——瓦斯逸出量(m^3);

c_p——瓦斯浓度,计算时可采用钻孔瓦斯测试浓度值;

A_g——含气面积(km^2);

h——储层平均有效厚度(m);

ϕ——储层平均有效空隙度;

B_{gi}——平均地层瓦斯体积系数。

隧道全长13 013m,隧道开挖后瓦斯影响宽度按100m考虑,储层平均有效厚度按20m考虑。根据已有储层资料和试验资料可知,平均有效孔隙度为3.73%,钻孔测试最大浓度为1.98%。由于隧道最大埋深1 092m,平均地层瓦斯体积系数根据已有资料可取0.01,利用式(附1-1)估算出隧道瓦斯储量为$192.21 \times 10^4 m^3$(附表1-7)。

附表 1-7　隧道浅层瓦斯可能逸出量

隧道名称	隧道长度（m）	宽（m）	孔隙度（%）	浓度（%）	厚度（m）	可能逸出量（×$10^4 m^3$）
黄土梁隧道	13 013	100	6.4	1.98	20	192.21

6.2　瓦斯最大逸出量估算

除了计算出隧道总的瓦斯逸出量外，还对隧道单位时间内最大瓦斯逸出量进行了估算。由于目前国内外基于隧道钻孔瓦斯检测浓度的瓦斯逸出速度计算研究还不完善，所以本次计算的隧道单位时间、单位面积内最大瓦斯逸出量也只是一个估算值。

在计算掌子面单位时间最大逸出量时，考虑了隧道所处构造位置、隧道穿越段岩性等，同时结合野外钻孔测试中瓦斯流量，以及钻孔孔径与隧道断面之间的尺寸效应，综合计算得到隧道掌子面瓦斯最大逸出速度为 $0.78 m^3/min$（附表 1-8），根据本规范的划分标准，综合判定本公路隧道为微瓦斯隧道。

附表 1-8　隧道掌子面瓦斯单位时间最大逸出量估算值

隧道长度（m）	隧道断面（m^2）	钻孔直径（mm）	单次测试		钻孔瓦斯流量（×$10^{-6} m^3/min$）	最大涌出量（m^3/min）
			最大浓度（%）	最小浓度（%）		
13 013	110	130	1.98	1.782	980	0.78

结合隧道地质特征及瓦斯富集特点，勘察建议本隧道在微瓦斯隧道的基础上，将断层发育段、岩浆岩体侵入段划分为高风险区（附表 1-9），施工中重点加强瓦斯监测、通风和超前地质预报。

附表 1-9　隧道施工中瓦斯高风险工段统计

里　程	长度（m）	现场测试瓦斯浓度	地质特征	瓦斯风险等级
K35+100~K35+780	680	—	断层、背斜	高
K40+960~K42+460	1 500	—	岩浆岩侵入区	高
K43+800~K45+660	1 860	1.98%	断层、褶皱	高

7 结论与建议

（1）隧道地处秦岭造山带、松潘甘孜造山带和扬子陆块衔接部位，地质构造十分复杂，岩浆活动频繁。

（2）隧道穿越地层为古生界泥盆系中统三河口组，岩性主要为泥质板岩、砂岩，局部夹炭质板岩，其间有印支期花岗斑岩侵入体。

（3）岩石荧光试验、岩石氯仿试验和岩石热解试验都表明隧址区岩石有机质成熟度属于成熟—高成熟阶段，相对生油能力较差，但具有良好—很好的生烃能力。

（4）隧道段受瓦斯影响较为普遍，现场共检测隧道钻孔4个，均有瓦斯显示；室内4组气样分析均有瓦斯存在，瓦斯最大浓度2.12%。

（5）同位素试验表明，隧道3组含碳气样 $\delta^{13}C_{CO_2}$ 含量分别为 $-1.16‰$、$-1.22‰$、$-0.91‰$，隧道含碳气体为有机与无机混合气。

（6）基于隧道钻孔瓦斯检测浓度的隧道开挖掌子面瓦斯逸出速度估算值为 $0.78m^3/min$。综合判定为微瓦斯隧道。

（7）需要特别说明的是，由于钻孔测试深度远小于隧道埋深，所以用于实际计算的瓦斯浓度和流量都应低于隧道开挖后的实际值，隧道开挖过程中隧道掌子面瓦斯最大逸出量可能大于附表1-8中的估算值，隧道开挖时应加强超前地质预报、瓦斯监测和通风工作。

附件2 煤系地层隧道绝对瓦斯涌出量计算案例

1 概 况

某正在煤层中开挖的四车道分离式高速公路瓦斯隧道,煤层开采层厚1.5m,施工速度为2m/d,未施作喷射混凝土段隧道长50m,其他有关参数包括:煤中挥发分 $V_{ad}=17.0\%$,煤层原始吨煤瓦斯含量 $W_0=11.0\mathrm{m}^3/\mathrm{t}$,煤的密度 $\rho=1.35\mathrm{t/m}^3$,掘进隧道断面积 $S=100\mathrm{m}^2$。

2 计 算 过 程

由本规范附录F可知,勘察期绝对瓦斯涌出量 Q_{CH_4} 为掘进隧道煤壁瓦斯涌出量 Q_1 与掘进隧道落煤的瓦斯涌出量 Q_2 之和。

(1)计算掘进隧道煤壁瓦斯涌出量 $Q_1(\mathrm{m}^3/\mathrm{min})$:

$$Q_1 = D \cdot v \cdot q_0 [2(L/v)^{1/2} - 1] \quad (附2\text{-}1)$$

式中:D——隧道断面内暴露煤壁面的周边长度(m),对于薄及中厚煤层,$D=2m_0$,m_0 为开采层厚度;对于厚煤层,$D=2h+b$,h、b 分别为隧道的高度和宽度;本案例中开采层厚度 $m_0=1.5\mathrm{m}$ 时为中厚煤层,故 $D=2m_0=2\times1.5=3.0\mathrm{m}$;

v——隧道平均掘进速度(m/min),将2m/d的掘进速度换算为每分钟掘进速度,则 $v=2\div24\div60=0.00139\mathrm{m/min}$;

L——未施作喷射混凝土段隧道长度(m),$L=50\mathrm{m}$;

q_0——煤壁瓦斯涌出强度[$\mathrm{m}^3/(\mathrm{m}^2\cdot\mathrm{min})$],计算公式 $q_0=0.026\times[0.0004(V_{ad})^2+0.16]W_0$,其中 V_{ad} 为煤中挥发分含量(%),本案例为17.0%,W_0 为煤层原始瓦斯含量(m^3/t),本案例为 $11.0\mathrm{m}^3/\mathrm{t}$,代入数据计算:

附件2 煤系地层隧道绝对瓦斯涌出量计算案例

$$q_0 = 0.026 \times [0.0004(V_{ad})^2 + 0.16]W_0$$
$$= 0.026 \times [0.0004 \times 17^2 + 0.16] \times 11 = 0.0788 \ [m^3/(m^2 \cdot min)]$$

以上数据代入 Q_1 计算式(附2-1):

$$Q_1 = 3 \times 0.00139 \times 0.0788 \times [2 \times (50 \div 0.00139)^{1/2} - 1]$$
$$= 0.124 (m^3/min)$$

(2)掘进隧道落煤的瓦斯涌出量 $Q_2(m^3/min)$:

$$Q_2 = S \cdot v \cdot \rho \cdot (W_0 - W_C) \qquad (附2-2)$$

式中:S——掘进隧道断面积(m^2),本案例为$100m^2$;

v——隧道平均掘进速度(m/min),取 0.00139m/min;

ρ——煤的密度(t/m^3),取 $1.35t/m^3$;

W_C——运出隧道后煤的残存瓦斯含量(m^3/t),按煤的挥发分17.0%,经查本规范表F.0.3,内插值后取 $W_C = 3.17m^3/t$。

以上数据代入 Q_2 计算式(附2-2):

$$Q_2 = 100 \times 0.00139 \times 1.35 \times (11 - 3.17) = 1.469(m^3/min)$$

(3)计算绝对瓦斯涌出量 $Q_{CH_4} = Q_1 + Q_2 = 0.124 + 1.469 = 1.593 m^3/min$。

按照本规范表3.2.2划分标准,本隧道属于低瓦斯隧道。

附件3 施工期瓦斯地层及工区类别校核评定案例

1 概 况

西南地区某双向四车道高速公路隧道,设计速度80km/h,隧址区出露的地层主要为第四系全新统(Q_4)、三叠系上统新都桥组(T_3x)、三叠系上统侏倭组(T_3zh)及三叠系中统杂谷脑组(T_2z)。

三叠系上统新都桥组(T_3x)岩性为深灰—黑灰色炭质千枚岩、含炭千枚岩、粉砂质千枚岩或板岩、千枚状绢云板岩夹灰、深灰色薄—中层、少数厚层变质细砂岩、粉砂岩以及凝灰质砂岩。

三叠系上统侏倭组(T_3zh)岩性为灰—深灰色、灰黑色炭质千枚岩和变质岩屑砂岩、变质细砂岩、粉砂岩。

三叠系中统杂谷脑组(T_2z)下段为灰—深灰色粉砂质板岩,含炭质板岩、钙质板岩与灰色中—厚层细粒变质长石石英砂岩、细砂岩互层,上段为灰、深灰色中—厚层(少量薄层)含钙质长石石英细砂岩,含岩屑长石石英细砂岩及少许杂砂岩。

隧道地层中存在炭质千枚岩和炭质板岩,具生烃能力,有存在瓦斯气体的可能性。隧道掘进1 850m时,掌子面有无色、带刺鼻性气味的不明气体从钻孔孔眼及岩石裂缝中涌出,靠近掌子面的上台阶地面多个积水处亦有大量气泡冒出。送试验室进行气体成分分析结果见附表3-1。根据测定结果,隧道涌出气体中,气体组分主要为CO_2和N_2,其次为CH_4、O_2和H_2S(附表3-1)。

附表3-1 气体成分测定结果

取样地点		左洞	右洞
气体组分	O_2 (10^{-2} mol/mol)	10.36	9.97 ~ 10.49
	N_2 (10^{-2} mol/mol)	38.41	39.60 ~ 40.35
	CH_4 (10^{-2} mol/mol)	12.33	5.09 ~ 7.51
	CO_2 (10^{-2} mol/mol)	38.83	42.85 ~ 44.01
	H_2 (10^{-2} mol/mol)	—	0.01 ~ 0.03
	C_2H_6 (10^{-2} mol/mol)	0.05	0.02 ~ 0.04
	C_3H_8 (10^{-2} mol/mol)	0.02	0.01 ~ 0.02
	H_2S (10^{-6} mol/mol)	2.5866	2.0968 ~ 2.1468

2 现场数据测试方法

为了明确隧道瓦斯分级情况，业主委托有资质的单位进行了隧道绝对瓦斯涌出量测定，鉴定方式为"3个3"，即鉴定月每旬测1天，每天测3班，每班测3次，每次间隔2小时。

2.1 测试的仪表及工具

光学瓦斯检定器1台、高速风表1台、中速风表1台、微速风表1台、空盒气压计1台、干湿温度计1个、秒表1块、卷尺1个、皮尺1个。开展测定工作之前，将上述仪器进行了检验和校正。设计并打印了瓦斯测定记录表。

2.2 测试过程

绝对瓦斯涌出量根据实际通风量与实测稳定回风流中最大瓦斯浓度计算确定。

由于隧道断面较大，其掌子面回风流风速较低，仅0.3m/s左右，且掌子面回风口受主要通风机影响，风流紊乱，故根据隧道通风的特点，测定风筒内进风量代替掌子面回风量。

隧道瓦斯浓度测试选择距出风口 30m 处,在拱顶、侧壁、底板各 250mm 处的 6 个测试点,如附图 3-1 和附图 3-2 所示。

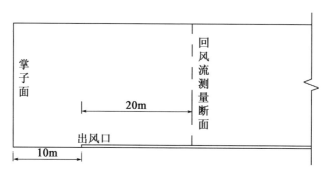

附图 3-1 回风流测瓦斯浓度断面布置图

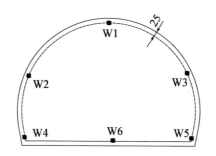

附图 3-2 瓦斯检测断面测点示意图

3 计　　算

3.1 计算风量

采用测定风管出口风速和风管断面积参数的方式计算风量,见式(附3-1):

$$Q = 60 \cdot V \cdot S \qquad (附3\text{-}1)$$

式中:Q——风管进风量(m^3/min);

V——风管出口风速(m/s),按式(附3-2)计算:

$$V = a + bV_表 \qquad (附3\text{-}2)$$

a——表明风表启动初速的常数;

b——校正常数,决定于风表的构造尺寸;

$V_表$——风表的指示风速(格/s),按式(附 3-3)计算:

$$V_表 = \frac{n}{t} \quad \text{(附 3-3)}$$

n——3 次测风风表读数的平均值(格);

t——测风时间(s),一般为 60s;

S——风管断面积(m^2)。

3.2 瓦斯浓度修正

采用光学瓦斯检定器测定瓦斯浓度,按式(附 3-4)对测定值进行修正:

$$X = 0.3526 X' \cdot (273 + t)/P \quad \text{(附 3-4)}$$

式中:X——瓦斯真实浓度(%);

X'——光学瓦斯检定器测定瓦斯浓度(%);

t——测定地点摄氏温度(℃);

P——测定地点大气压力(kPa)。

3.3 绝对瓦斯涌出量计算

隧道绝对瓦斯涌出量按式(附 3-5)计算:

$$q = \frac{Q \cdot X_{max}}{100} \quad \text{(附 3-5)}$$

式中:q——隧道绝对瓦斯涌出量(m^3/min);

X_{max}——稳定回风流中实测最大瓦斯浓度(%);

Q——隧道断面通风量(m^3/min)。

4 数据统计

数据统计见附表 3-2~附表 3-5。

附表3-2　隧道风筒风量测定基础表

旬别	测定次数	第一班 表速 (格/min)	第一班 真风速 (m/min)	第一班 风筒面积 (m²)	第一班 风量 (m³/min)	第二班 表速 (格/min)	第二班 真风速 (m/min)	第二班 风筒面积 (m²)	第二班 风量 (m³/min)	第三班 表速 (格/min)	第三班 真风速 (m/min)	第三班 风筒面积 (m²)	第三班 风量 (m³/min)
一旬	1	770.75				756.23				797.94			
一旬	2	751.78	712.08	2.011	1432	739.82	700.15	2.011	1408	782.19	738.44	2.011	1485
一旬	3	753.30				741.31				780.62			
一旬	平均	758.61				745.79				786.92			
二旬	1	803.15				799.71				808.17			
二旬	2	821.75	758.83	2.011	1526	798.11	754.85	2.011	1518	809.80	764.30	2.011	1537
二旬	3	801.54				815.81				826.10			
二旬	平均	808.81				804.54				814.69			
三旬	1	800.22				811.59				807.68			
三旬	2	817.97	756.84	2.011	1522	832.07	768.27	2.011	1545	790.16	747.39	2.011	1503
三旬	3	801.84				813.23				791.75			
三旬	平均	806.68				818.96				796.53			

附件3　施工期瓦斯地层及工区类别校核评定案例

附表3-3　隧道一旬瓦斯浓度测定基础表

时间	测点编号	测定次数	第一班 实测浓度 CH₄ %	大气压力 kPa	温度 ℃	修正系数	真实浓度 CH₄ %	平均浓度 CH₄ %	第二班 实测浓度 CH₄ %	大气压力 kPa	温度 ℃	修正系数	真实浓度 CH₄ %	平均浓度 CH₄ %	第三班 实测浓度 CH₄ %	大气压力 kPa	温度 ℃	修正系数	真实浓度 CH₄ %	平均浓度 CH₄ %
一旬	W1	1	0.06	94.7	15.6	1.05	0.06	0.070	0.06	94.7	16.2	1.06	0.06	0.077	0.06	94.7	16.8	1.06	0.06	0.078
		2	0.08	94.7	15.6	1.05	0.08		0.08	94.7	16.2	1.06	0.08		0.08	94.7	16.8	1.06	0.08	
		3	0.06	94.7	15.6	1.05	0.06		0.08	94.7	16.2	1.06	0.08		0.08	94.7	16.8	1.06	0.08	
	W2	1	0.06	94.7	15.6	1.05	0.06	0.063	0.06	94.7	16.2	1.06	0.06	0.056	0.06	94.7	16.8	1.06	0.06	0.056
		2	0.06	94.7	15.6	1.05	0.06		0.04	94.7	16.2	1.06	0.04		0.04	94.7	16.8	1.06	0.04	
		3	0.06	94.7	15.6	1.05	0.06		0.06	94.7	16.2	1.06	0.06		0.06	94.7	16.8	1.06	0.06	
	W3	1	0.06	94.7	15.6	1.05	0.06	0.063	0.04	94.7	16.2	1.06	0.04	0.056	0.06	94.7	16.8	1.06	0.06	0.063
		2	0.06	94.7	15.6	1.05	0.06		0.06	94.7	16.2	1.06	0.06		0.06	94.7	16.8	1.06	0.06	
		3	0.06	94.7	15.6	1.05	0.06		0.06	94.7	16.2	1.06	0.06		0.06	94.7	16.8	1.06	0.06	
	W4	1	0.04	94.7	15.6	1.05	0.04	0.056	0.06	94.7	16.2	1.06	0.06	0.056	0.06	94.7	16.8	1.06	0.06	0.056
		2	0.06	94.7	15.6	1.05	0.06		0.06	94.7	16.2	1.06	0.06		0.06	94.7	16.8	1.06	0.06	
		3	0.06	94.7	15.6	1.05	0.06		0.04	94.7	16.2	1.06	0.04		0.04	94.7	16.8	1.06	0.04	
	W5	1	0.06	94.7	15.6	1.05	0.06	0.056	0.06	94.7	16.2	1.06	0.06	0.056	0.06	94.7	16.8	1.06	0.06	0.056
		2	0.06	94.7	15.6	1.05	0.06		0.04	94.7	16.2	1.06	0.04		0.04	94.7	16.8	1.06	0.04	
		3	0.04	94.7	15.6	1.05	0.04		0.06	94.7	16.2	1.06	0.06		0.06	94.7	16.8	1.06	0.06	
	W6	1	0.06	94.7	15.6	1.05	0.06	0.056	0.06	94.7	16.2	1.06	0.06	0.063	0.06	94.7	16.8	1.06	0.06	0.063
		2	0.04	94.7	15.6	1.05	0.04		0.06	94.7	16.2	1.06	0.06		0.06	94.7	16.8	1.06	0.06	
		3	0.06	94.7	15.6	1.05	0.06		0.06	94.7	16.2	1.06	0.06		0.06	94.7	16.8	1.06	0.06	

附表 3-4　隧道二旬瓦斯浓度测定基础表

时间	测点编号	测定次数	第一班 实测浓度 CH₄ %	大气压力 kPa	温度 ℃	修正系数	真实浓度 CH₄ %	平均浓度 CH₄ %	第二班 实测浓度 CH₄ %	大气压力 kPa	温度 ℃	修正系数	真实浓度 CH₄ %	平均浓度 CH₄ %	第三班 实测浓度 CH₄ %	大气压力 kPa	温度 ℃	修正系数	真实浓度 CH₄ %	平均浓度 CH₄ %
二旬	W1	1	0.12	94.6	17.1	1.06	0.13	0.127	0.12	94.6	18.2	1.06	0.13	0.128	0.12	94.6	18.5	1.07	0.13	0.128
		2	0.12	94.6	17.1	1.06	0.13		0.12	94.6	18.2	1.06	0.13		0.12	94.6	18.5	1.07	0.13	
		3	0.10	94.6	17.1	1.06	0.13		0.12	94.6	18.2	1.06	0.13		0.12	94.6	18.5	1.07	0.13	
	W2	1	0.12	94.6	17.1	1.06	0.13	0.120	0.10	94.6	18.2	1.06	0.11	0.121	0.12	94.6	18.5	1.07	0.13	0.121
		2	0.12	94.6	17.1	1.06	0.13		0.12	94.6	18.2	1.06	0.13		0.10	94.6	18.5	1.07	0.11	
		3	0.10	94.6	17.1	1.06	0.11		0.12	94.6	18.2	1.06	0.13		0.12	94.6	18.5	1.07	0.13	
	W3	1	0.12	94.6	17.1	1.06	0.13	0.127	0.12	94.6	18.2	1.06	0.13	0.128	0.12	94.6	18.5	1.07	0.13	0.121
		2	0.12	94.6	17.1	1.06	0.13		0.12	94.6	18.2	1.06	0.13		0.12	94.6	18.5	1.07	0.13	
		3	0.12	94.6	17.1	1.06	0.13		0.12	94.6	18.2	1.06	0.13		0.10	94.6	18.5	1.07	0.11	
	W4	1	0.12	94.6	17.1	1.06	0.13	0.127	0.12	94.6	18.2	1.06	0.13	0.121	0.12	94.6	18.5	1.07	0.13	0.121
		2	0.12	94.6	17.1	1.06	0.13		0.10	94.6	18.2	1.06	0.11		0.10	94.6	18.5	1.07	0.11	
		3	0.12	94.6	17.1	1.06	0.13		0.12	94.6	18.2	1.06	0.13		0.12	94.6	18.5	1.07	0.13	
	W5	1	0.12	94.6	17.1	1.06	0.13	0.120	0.10	94.6	18.2	1.06	0.11	0.121	0.12	94.6	18.5	1.07	0.13	0.121
		2	0.10	94.6	17.1	1.06	0.11		0.12	94.6	18.2	1.06	0.13		0.10	94.6	18.5	1.07	0.11	
		3	0.12	94.6	17.1	1.06	0.13		0.12	94.6	18.2	1.06	0.13		0.12	94.6	18.5	1.07	0.13	
	W6	1	0.12	94.6	17.1	1.06	0.13	0.127	0.10	94.6	18.2	1.06	0.11	0.121	0.12	94.6	18.5	1.07	0.13	0.114
		2	0.12	94.6	17.1	1.06	0.13		0.12	94.6	18.2	1.06	0.13		0.12	94.6	18.5	1.07	0.13	
		3	0.12	94.6	17.1	1.06	0.13		0.12	94.6	18.2	1.06	0.13		0.10	94.6	18.5	1.07	0.11	

附件3 施工期瓦斯地层及工区类别校核评定案例

附表 3-5　隧道三旬瓦斯浓度测定基础表

时间	测点编号	测定次数	第一班 大气压力 kPa	温度 ℃	修正系数	真实浓度 CH₄ %	平均浓度 CH₄ %	实测浓度 CH₄ %	第二班 大气压力 kPa	温度 ℃	修正系数	真实浓度 CH₄ %	平均浓度 CH₄ %	实测浓度 CH₄ %	第三班 大气压力 kPa	温度 ℃	修正系数	真实浓度 CH₄ %	平均浓度 CH₄ %
三旬	W1	1	0.12	94.8	16.3	1.06	0.13		0.12	94.8	17.5	1.06	0.13		0.12	94.8	15.7	1.05	0.13	
		2	0.12	94.8	16.3	1.06	0.13	0.127	0.12	94.8	17.5	1.06	0.13	0.127	0.12	94.8	15.7	1.05	0.13	0.126
		3	0.12	94.8	16.3	1.06	0.13		0.12	94.8	17.5	1.06	0.13		0.12	94.8	15.7	1.05	0.13	
	W2	1	0.12	94.8	16.3	1.06	0.13		0.12	94.8	17.5	1.06	0.13		0.12	94.8	15.7	1.05	0.13	
		2	0.10	94.8	16.3	1.06	0.11	0.120	0.10	94.8	17.5	1.06	0.11	0.120	0.12	94.8	15.7	1.05	0.13	0.126
		3	0.12	94.8	16.3	1.06	0.13		0.12	94.8	17.5	1.06	0.13		0.12	94.8	15.7	1.05	0.13	
	W3	1	0.12	94.8	16.3	1.06	0.13		0.12	94.8	17.5	1.06	0.13		0.10	94.8	15.7	1.05	0.11	
		2	0.12	94.8	16.3	1.06	0.13	0.120	0.12	94.8	17.5	1.06	0.13	0.127	0.12	94.8	15.7	1.05	0.13	0.112
		3	0.10	94.8	16.3	1.06	0.11		0.12	94.8	17.5	1.06	0.13		0.10	94.8	15.7	1.05	0.11	
	W4	1	0.10	94.8	16.3	1.06	0.11		0.10	94.8	17.5	1.06	0.11		0.10	94.8	15.7	1.05	0.11	
		2	0.10	94.8	16.3	1.06	0.11	0.113	0.10	94.8	17.5	1.06	0.11	0.113	0.12	94.8	15.7	1.05	0.13	0.112
		3	0.12	94.8	16.3	1.06	0.13		0.12	94.8	17.5	1.06	0.13		0.10	94.8	15.7	1.05	0.11	
	W5	1	0.12	94.8	16.3	1.06	0.13		0.12	94.8	17.5	1.06	0.13		0.12	94.8	15.7	1.05	0.13	
		2	0.10	94.8	16.3	1.06	0.11	0.120	0.10	94.8	17.5	1.06	0.11	0.113	0.10	94.8	15.7	1.05	0.11	0.112
		3	0.10	94.8	16.3	1.06	0.11		0.10	94.8	17.5	1.06	0.11		0.10	94.8	15.7	1.05	0.11	
	W6	1	0.10	94.8	16.3	1.06	0.11		0.10	94.8	17.5	1.06	0.11		0.10	94.8	15.7	1.05	0.11	
		2	0.10	94.8	16.3	1.06	0.11	0.113	0.10	94.8	17.5	1.06	0.11	0.113	0.10	94.8	15.7	1.05	0.11	0.112
		3	0.12	94.8	16.3	1.06	0.13		0.12	94.8	17.5	1.06	0.13		0.12	94.8	15.7	1.05	0.13	

5 计 算 结 果

根据测试分析,隧道绝对瓦斯涌出量为 1.949m³/min(附表3-6),隧道为低瓦斯隧道。

附表3-6　隧道瓦斯测定计算结果

气体名称	旬别	测定班次	平均风量 m³/min	最大浓度 %	绝对涌出量 m³/min	三班平均涌出量 m³/min	三旬中最大涌出量 m³/min	瓦斯隧道类别
瓦斯	一旬	第一班	1 432	0.070	1.002	1.082	1.949	低瓦斯
		第二班	1 408	0.077	1.084			
		第三班	1 485	0.078	1.158			
	二旬	第一班	1 526	0.127	1.938	1.949		
		第二班	1 518	0.128	1.943			
		第三班	1 537	0.128	1.967			
	三旬	第一班	1 522	0.127	1.933	1.930		
		第二班	1 545	0.127	1.962			
		第三班	1 503	0.126	1.894			

附件4 钻孔抽排瓦斯工程案例

云南某隧道长 6 306.08m,采用"正洞+平导"的施工工艺,隧道洞身将穿行于二叠系上统长兴组(P_2c)、二叠系上统龙潭组(P_2l)、二叠系下统梁山组(P_1l)等主要含煤地层,将揭露 C5、C6、C10 等该区域主采煤层、不可采煤层和煤线。根据地质勘察报告,隧道设煤(岩)与瓦斯突出工区一段,高瓦斯工区一段,低瓦斯工区两段。

突出隧道揭煤工作是一项技术难度大、风险高的系统工程,国内外在瓦斯隧道揭煤过程中发生过多起瓦斯事故。该隧道平导超前主洞掘进,平导揭煤 C4、C5、C6 煤层前,采用穿层钻孔预抽揭煤区域煤层瓦斯的方式来达到消突的目的。

设计钻孔控制平导轮廓线的范围见附表 4-1。设计终孔间距暂定 4m,钻孔直径为 75mm。所有区域防突措施钻孔在距离突出煤层法向距离 7m 时实施,所有钻孔施工完毕后应立即封孔接抽。

附表4-1 区域防突措施钻孔控制范围

煤层编号	钻孔控制范围(轮廓线外)(m)			
	左帮	右帮	上部	下部
C4	13	13	12	12
C5	13	13	15	12
C6	13	13	15	12
备注	穿层钻孔			

考虑到 C4、C5 煤层距离较近,地勘资料显示垂距约为 9.1m,可以采用两个煤层联合抽采的方式;而 C6 煤层与 C5 煤层垂距 26.6m,从经济和防突效果来看采用单层抽采的方式都更好。

区域防突措施效果检验为评定区域煤层是否消突的关键步骤,必须保证防突措施校检的科学、客观。

该隧道揭煤区域防突措施效果检验采用直接测定的煤层残余瓦斯含量为指标,由平导揭煤工作面向煤层的适当位置打5个钻孔测定煤层残余瓦斯含量,区域防突措施效果检验钻孔在采取区域防突措施的位置实施。为了掌握控制范围边缘的抽采效果,要求上部、两侧的检验测试点必须有1个位于钻孔控制范围靠边缘部位,即位于边缘线内侧0~2m的范围。在采取区域预抽煤层瓦斯措施后,当测定的煤层残余瓦斯含量小于$8m^3/t$时,区域防突措施有效;若测定的煤层残余瓦斯含量大于$8m^3/t$,则继续对所揭煤层进行抽采,直到煤层瓦斯含量降到$8m^3/t$以下。

预设计导洞揭煤区域防突措施效果检验钻孔布置5个,分别位于巷道外轮廓线的上、中、下部,1个钻孔位于边缘线内侧0~2m的范围。隧道平导区域防突措施效果检验钻孔施工设计如附图4-1所示。

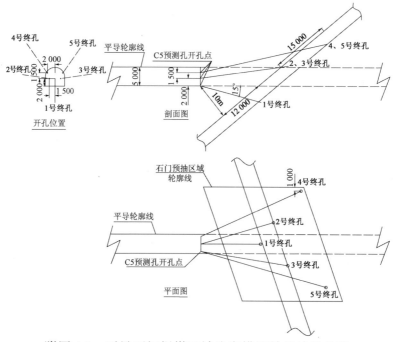

附图4-1 平导石门揭煤区域防突措施效果检验钻孔布置示意图(尺寸单位:mm)

附件5 行走作业机械防爆改装技术指标与验收参考方法

1 防爆改装方法

1.1 车载瓦斯监控改装

通过在施工车辆上加装通过防爆或煤安认证的监控设备,实时监测车辆工作环境的易爆危险气体浓度,当晚爆气体浓度达到报警限值时,监控设备发出声光报警,提示车辆驾驶人员及时停止作业,待查明环境实际情况,工作环境不具危险时,再启动设备恢复工作。若环境危险气体浓度快速上升,达到断电限值时,监控系统会在首次检测到报警时刻开始延迟一定时间(10~30s)后自动输出控制信号,强制停止车辆工作,断开车辆的所有供电线路,车辆将无法启动工作,监控系统使用自带本安电源持续工作。当环境危险气体浓度降至安全限值后,监控系统自动解锁车辆供电,车辆可重新启动作业。

1.2 电气隔爆改装

按照车辆原有的电气线路原理及功能,使用一系列防爆组件或设备对车辆进行全范围的改装,这些改装内容涉及蓄电池、发电机、启动器(点火装置)、用电设备(如照明指示灯具、喇叭、音箱、收音机、点烟器、空调设备等)、发热部件、排气口等。改装后的设备本身即具备防爆能力,可在有危险易爆气体场合工作。

1.3 综合防爆改装

安装车载瓦斯监控,同时进行车辆电气隔爆改装,达到更全面可靠的防爆性能。

2 防爆改装技术要求

2.1 车载瓦斯监控改装

2.1.1 一般要求

监控系统中的设备应符合有关标准及各自企业产品标准的规定,满足在可爆炸性气体环境下使用的基本要求。

2.1.2 环境条件

(1)系统中用于驾驶室的设备,应能在下列条件下正常工作:

①环境温度:0~40℃;

②相对湿度:40%~70%;

③温度变化率:小于10℃/h,且不得结露;

④大气压力:80~106kPa。

(2)系统中安装在车身外部的设备应在下列条件下正常工作:

①环境温度:0~50℃;

②平均相对湿度,不大于95%(+25℃);

③大气压力:80~106kPa;

④有爆炸气体混合物;

⑤有较强的振动和冲击,无破坏绝缘的腐蚀性气体。

2.1.3 供电电源

监控系统应采用独立直流电源供电:

(1)额定电压:12/24V,允许偏差±10%;

(2)供电电流:不大于4A/12V或2A/24V。

2.1.4 系统设计要求

1)系统组成

系统一般由配置主机、控制分站、参数检测传感器、执行器(含断电器、声光报警器)、电源箱、电缆、接线盒及其他必要设备组成。

2)硬件

(1)配置主机一般采用笔记本电脑,具备 USB 接口,可与控制分站进行通信,设置控制参数。主机采用当时主流技术的通用产品,并满足可靠性、可维护性、开放性和可扩展性等要求。

(2)控制分站具备现场自主控制功能,控制参数通过配置主机设置后存储在分站存储器内,掉电后配置不会丢失。控制分站的稳定性不小于 15d。

(3)传感器的稳定性应不小于 15d。

(4)执行器的稳定性应不小于 15d。

(5)电源箱应可持续对系统满负荷供电时间不小于 8h。

(6)电缆采用阻燃抗高温电缆。

(7)监控系统设备能在 9~26V 范围内正常工作。

3)软件

具有可视化的人机软件界面,软件可靠性高、开放性好、易操作、易维护、安全、成熟,软件应有详细的汉字说明和汉字操作指南。

2.1.5 基本功能

1)数据采集

系统必须具有甲烷浓度、一氧化碳浓度、二氧化碳浓度、氧气浓度、温度等模拟量采集、存储及显示功能。

2)控制

系统必须由现场设备完成甲烷浓度超限声光报警和断电/复电控制功能。

(1)检测气体浓度达到或超过报警浓度时,声光报警。

(2)检测气体浓度达到或超过断电浓度时,切断被控设备电源并闭锁;检测气体浓度低于复电浓度时,自动解锁。

(3)检测气体浓度达到或超过熄火控制浓度时,向执行器输出熄火控制信号并闭锁;检测气体浓度低于复电浓度时,自动解锁。

3)显示功能

控制分站具有状态指示灯和显示屏,可显示当前的工作状态及检测参数。

2.1.6 技术指标

(1)监测参数类型:甲烷(0~100%)、氧气(0~25%)、一氧化碳(0~2 000×10^{-6})、二氧化碳(0~5%)、温度(0~150℃)等。

(2)防爆类型:矿用本安或隔爆(Exd Ⅰ,Exia Ⅰ,Exib Ⅰ)。

(3)气体浓度检测反应时间:甲烷不超过35s,氧气不超过30s,一氧化碳不超过30s,二氧化碳不超过30s,温度不超过10s(水中)。

(4)控制执行时间:≤1s。

(5)控制分站通道数:≥4。

(6)供电电压:直流12V或24V。

(7)供电方式:本安电池供电。

(8)报警方式:声光报警,1m处声强不低于80dB,光感应范围不小于2m。

2.2 电气隔爆改装

2.2.1 结构

(1)改装车辆结构参数设计合理,充分考虑隧道内使用的特殊环境,外延、外露部件,要充分考虑与围岩或支架物的撞击。可开式口(孔)的结构和位置应避免煤与围岩的散落造成堵塞及损坏。车辆应尽可能设置减振系统。

(2)改装车辆上防爆柴油机排放气体时,排放孔应避免朝向驾驶室。

(3)改装车辆运载松散装备或材料,运载工具上应加装固定装置。车辆采用自卸式时,货箱举升和回落时间不得超过30s。

(4)用于运送人员的改装车辆,应由安全带或其他牢固的依托物,并应设置顶棚。

(5)改装车辆装配悬挂系或摆动物体,要加装固定装置,以防物体和车轮接触。

(6)改装车辆在额定载荷下最小离地间隙应大于160mm。

(7)改装车辆在设计的最大坡道(纵向或横向)上运行时,冷却水箱和冷却净化水箱水位应不低于设定的最低水位。

（8）改装车辆在运行和维修期间，可能受到撞击的零部件，均不允许使用轻金属制造。其他非金属材料的零部件应采用表面电阻值不小于 $1\times10^9\Omega$ 的阻燃性材料。

2.2.2 驾驶室

（1）改装车辆驾驶室应坚固，结构合理，具有良好的视野，高度应能满足驾驶员佩戴安全帽工作，座椅应符合人体舒适的要求，驾驶员工作空间内不应有尖锐物或角状物。

（2）改装车辆各显示仪表应设在驾驶员易于观察的位置，各控制部件应设在驾驶室内，操作方便、动作明确，符合要求和习惯。

（3）驾驶室开门应为外开式（侧向驾驶除外）。如果不设车门，则应设置活动栅栏或其他安全设施。

（4）驾驶室如配防风玻璃，玻璃窗应使用安全玻璃或其他具有同等效力的材料。

（5）在驾驶室内驾驶员正常工作的显著位置，应设置警示牌，警示内容主要包括：行车时的警告事项、紧急情况下所采取的的相应措施、必要的操作提示等。

（6）自动保护装置的显示仪应安装在驾驶员正常工作的显著位置。

2.2.3 操纵系统

（1）改装车辆的离合操纵机构、换挡机构、油门等应操作灵活可靠，转向机构应使改装车辆在最小转弯半径转向时操作灵活。车辆采用动力转向的，其转向动力源应取自柴油机本身，以便柴油机一启动就有转向动力源，不受其他操作系统影响。

（2）改装车辆设有两个驾驶室（双向驾驶）及双套控制装置时，两套控制装置应为互锁。但紧急制动装置、停车制动装置及自动灭火系统不受互锁限制。

（3）改装车辆的运行速度不得超过设计规定值。

2.2.4 消防装置

（1）改装车辆应配置自动灭火系统或便携式灭火器等消防装置,便携式灭火器应能方便地从改装车辆两侧取出使用。

（2）改装车辆的动力矿用防爆柴油机的功率超过70kW(含70kW)时,应配备车载灭火器或至少两台便携式灭火器。

（3）车载灭火系统启动,则防爆柴油机应能自动熄灭。

2.2.5 自动保护装置

（1）改装车辆应设置自动保护装置,在监控参数出现异常情况时能及时发出报警信号并能使改装车辆动力系统停止运转。

（2）改装车辆若采用单缸类矿用防爆柴油机,当出现下列情况之一时,自动保护装置应能及时发出声、光报警信号,其声、光信号应使驾驶员能够清晰辨别,并在报警后1min内使改装车辆动力系统停止运转。

①排气温度最高至70℃时;

②表面温度最高至150℃时;

③冷却水位(蒸发冷却)低至设定最低水位,或冷却水温度(强制冷却)最高至95℃或设计值时;

④冷却净化箱水位低至设定最低水位时;

⑤机油压力低至设定最低压力时。

2.2.6 照明及信号

（1）改装车辆应在运行前方安装照明灯,尾部设置红色信号灯。

（2）设有两个驾驶室(双向驾驶)的改装车辆,照明、信号系统应为复式。

（3）改装车辆如装配倒车灯,倒车时,应有视听警示信号。

（4）改装车辆运行方向的照明灯,应使改装车辆前方20m处至少有4lx的照明度。尾部红色信号灯能见距离至少60m。

2.2.7 警声装置

改装车辆应安装警铃等警声装置,警声装置的声压值在距离改装车辆40m处,应不小于70dB。

2.3 综合防爆改装

分别执行车载瓦斯监控改装和电气隔爆改装的技术要求。

3 防爆改装验收检测方法

3.1 车载瓦斯监控改装验收检测

3.1.1 单位及产品资质检测

改装施工单位应提供企业营业执照、第三方机构出具的产品检验合格证书(如安标证、防爆证)、相关行业的从业资质证书、成功案例证明资料等。

3.1.2 技术方案评审

改装施工单位应根据项目实际情况提供详细合理的改装技术方案,方案至少满足前述的基本要求。改装方案经业主、设计、监理、项目部等多方专家评审通过方可实施。

3.1.3 改装性能检测

1)试运行

车辆改装完毕后交由施工方在现场试用至少5d,运行期间故障率不得大于5%。

2)现场实测

试运行期结束后,组织专家至现场实测改装后的性能。改装后的车辆动力特性不得受到影响,且必须实现以下基本功能:

(1)通信及配置功能:监控分站可通过配置主机进行参数修改设置,并保存在分站内,充上电后能自动恢复设置。

(2)检测功能:监控系统可以检测车辆工作周边环境的气体参数,必须包括但不限于甲烷气体浓度。

(3)显示功能:监控系统控制分站能实时显示所检测到的气体浓度参数,并通过发光指示灯指示出系统的工作状态及故障提示。

(4)报警功能:当检测参数超过设定的报警限值时,系统能发出声、光报警提示,报警提示在施工环境噪声下应清晰可辨。

(5)熄火控制功能:当检测参数超过设定的熄火限值时,系统能通过执行器控制车辆熄火并闭锁,车辆不能重启动。当检测参数低于熄火恢复值时,车辆方可再次启动。

(6)断电功能:当检测参数超过设定的断电限值时,系统能通过执行器断开车辆的供电电源,并闭锁。当检测参数低于断电恢复值时,系统自动解锁,车辆恢复供电。

3.2 电气隔爆改装验收检测

3.2.1 单位及产品资质检测

改装施工单位应提供企业营业执照、第三方机构出具的产品检验合格证书(如安标证、防爆证)、相关行业的从业资质证书、成功案例证明资料等。

3.2.2 技术方案评审

改装施工单位应根据项目实际情况提供详细合理的改装技术方案,方案至少满足前述的基本要求。改装方案经业主、设计、监理、项目部等多方专家评审通过方可实施。

3.2.3 改装性能检测

1)试运行

车辆改装完毕后交由施工方在现场试用至少5d,运行期间故障率不得大于5%。

2)现场实测

试运行期结束后,组织专家至现场实测改装后的性能。具体指标如下:

(1)车辆整体结构:改装后车辆的整体结构应合理,不影响驾驶人员的日常操作。车辆的高度、宽度不得超出规定的尺寸。

(2)车辆的动力特性:改装后的车辆载重量不得低于原车辆的80%,自重不得大于原车辆的20%。烟气排放不得低于原车排放标准。

（3）自动保护功能：

改装后的车辆在出现以下一种或几种情况时,最多延时1min即能自动熄火保护：

①排气温度最高至70℃时；

②表面温度最高至150℃时；

③冷却水位(蒸发冷却)低至设定最低水位或冷却水温度(强制冷却)最高至95℃或设计值时；

④冷却净化箱水位低至设定最低水位时；

⑤机油压力低至设定最低压力时。

（4）照明指示功能：照明指示灯必须满足技术要求。

（5）警音提示功能：当车辆出现故障时,报警器能发出声音提示,音量范围必须满足40m外不低于70dB。

3.3 综合防爆改装验收检测

按上述3.1和3.2的方法综合检测,分别验收。

4 防爆改装图例展示

4.1 车载瓦斯-电闭锁型改装（附图5-1～附图5-6）

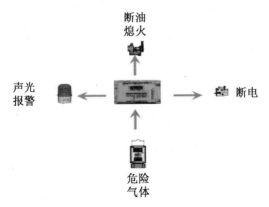

附图5-1 瓦斯-电闭锁防爆系统工作原理示意

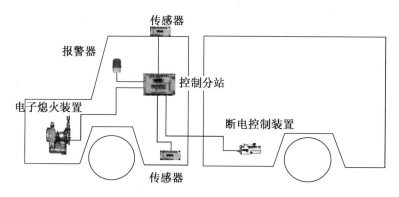

附图5-2　瓦斯-电闭锁防爆系统装置布置图

附图5-3　车载瓦斯-电闭锁断电仪 + 车外瓦斯监测探头

附图5-4　发动机熄火油缸(老式车型)

附图 5-5　发动机熄火电磁阀(电喷车型)

附图 5-6　瓦斯-电闭锁防爆改装体尾气火花熄灭器

4.2　矿用隔爆型防爆改装(附图 5-7～附图 5-19)

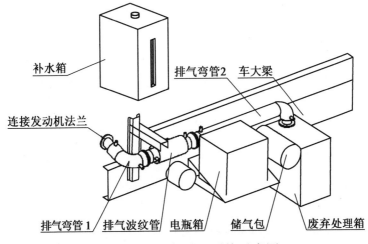

附图 5-7　尾气处理系统示意图

附图 5-8　双层水冷排气弯管和双层水冷排气波纹管

附图 5-9　废气处理箱　　　　附图 5-10　防爆栅栏

附图 5-11　隔爆电瓶箱　　　　附图 5-12　隔爆控制箱

附件5　行走作业机械防爆改装技术指标与验收参考方法

附图 5-13　防爆照明灯

附图 5-14　塑封隔爆启动马达

附图 5-15　隔爆型发电机

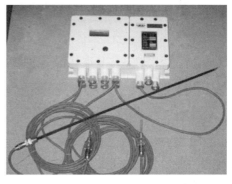

附图 5-16　柴油机车自动保护装置

附图 5-17　防爆改装自卸出渣车

附图 5-18　防爆改装装载机

附图 5-19　隔爆改装挖掘机

参 考 文 献

［1］ 四川省交通运输厅公路规划勘察设计研究院.公路瓦斯隧道设计与施工技术指南［M］.北京:人民交通出版社,2011.

［2］ 四川省质量技术监督局.公路瓦斯隧道技术规程:DB 51/T 2243—2016［S］.成都:西南交通大学出版社,2016.

［3］ 国家安全生产监督管理总局.煤矿安全规程［S］.北京:煤炭工业出版社,2016.

［4］ 中华人民共和国交通运输部.公路隧道设计规范:JTG 3370.1—2018［S］.北京:人民交通出版社股份有限公司,2018.

［5］ 中华人民共和国交通运输部.公路隧道施工技术规范:JTG F60—2009［S］.北京:人民交通出版社,2009.

［6］ 中华人民共和国交通运输部.公路工程施工安全技术规范:JTG F90—2015［S］.北京:人民交通出版社股份有限公司,2015.

［7］ 中华人民共和国交通运输部.公路工程地质勘察规范:JTG C20—2011［S］.北京:人民交通出版社,2011.

［8］ 国家煤矿安全监察局.防治煤与瓦斯突出细则(2019 年)［S］.北京:煤炭工业出版社,2019.

［9］ 中华人民共和国国家质量监督检验检疫总局,中国国家标准化管理委员会.爆破安全规程:GB 6722—2014［S］.北京:中国标准出版社,2015.

［10］ 中华人民共和国国家质量监督检验检疫总局,中国国家标准化管理委员会.煤和岩石物理力学性质测定方法 第12部分:煤的坚固性系数测定方法:GB/T 23561.12—2010［S］.北京:中国标准出版社,2010.

[11] 国家安全生产监督管理总局.矿井瓦斯涌出量预测方法:AQ 1018—2006[S].北京:煤炭工业出版社,2006.

[12] 国家安全生产监督管理总局.钻屑瓦斯解吸指标测定方法:AQ/T 1065—2008[S].北京:煤炭工业出版社,2008.

[13] 中国国家标准化管理委员会.钻孔瓦斯涌出初速度的测定方法:MT/T 639—1996[S].北京:中国质检出版社,1996.

[14] 张慧庞,湘伟,等.地面钻孔煤层瓦斯含量测定方法的对比研究[J].安全高效煤矿地质保障技术及应用学术年会文集,2007,72-76.

[15] 张宏图,魏建平,等.煤层瓦斯含量测定定点取样方法研究进展[J].中国安全生产科学技术,2016(01),186-192.

[16] 王震宇,王佑安.煤层瓦斯含量测定方法评述[J].煤矿安全,2012(增刊),129-132.

[17] 康小兵.隧道工程瓦斯灾害危险性评价体系研究[D].成都:成都理工大学,2009.

[18] 康小兵.我国瓦斯隧道建设现状综述[J].人民长江,2011(03),30-33.

[19] 苏培东,李作兵,等.成简一级公路龙泉山隧道浅层天然气检测研究[J].现代隧道技术,2009(4),52-57.

[20] 赵志飞.公路隧道施工过程瓦斯安全控制技术研究[D].长沙:中南大学,2012.

[21] 邓加亮.公路瓦斯隧道施工风险分析[D].长沙:长沙理工大学,2010.

[22] 熊建明.公路瓦斯隧道施工期安全管理及其预警技术[D].北京:中国矿业大学(北京),2016.

[23] 张振强.铁路瓦斯隧道分类及煤与瓦斯突出预测方法研究[D].成都:西南交通大学,2015.

[24] 谭信荣.瓦斯隧道施工安全风险信息化管理技术研究[D].成都:西南交通大学,2014.

[25] 彭海游.公路穿煤隧道的揭煤防突及施工通风[D].重庆:重庆大学,2012.

[26] 唐毅.对于建立隧道勘察瓦斯评价体系的探究[J].青海交通科技,2018(04):101-107.

[27] 王国斌,利奕年.某公路瓦斯隧道综合勘察技术应用[J].岩土力学,2011,32(04):1273-1277.

[28] 刘彦波.南道高速马嘴隧道页岩气段处治设计[J].山西建筑,2019(15):3-5.

[29] 高杨,杨昌宇,郑伟.铁路瓦斯隧道分类分级标准探讨[J].隧道建设(中英文),2017(11):1366-1372.

[30] 熊灵阳.瓦斯隧道的地质勘察问题探讨[J].铁道工程学报,2013(04):74-78.

[31] 陈沅江,程刚.瓦斯隧道施工安全标准化管理实施方案研究[J].中国安全科学学报,2012(05):140-146.

[32] 丁浩江,岳志勤,杨英,等.玉京山隧道"四位一体"揭煤防突施工技术[J].铁道工程学报,2018(06):47-53.

[33] 吕贵春.关于瓦斯隧道揭煤突出危险性预测方法的探讨[J].矿业安全与环保,2014(04):118-122.

[34] 黄长国.公路隧道揭煤防突技术及实践[J].地下空间与工程学报,2016(01):236-242.

[35] 李文树,周东平,郭臣业,等.大断面瓦斯隧道"五步法"预测揭煤技术应用研究[J].地下空间与工程学报,2019,15(01):262-268.

[36] 姜德义,刘春,张广洋,等.公路隧道全断面揭煤防突技术[J].岩土力学,2005,26(6):906-909.